Ingeborg Hecht:

Als unsichtbare Mauern wuchsen

Eine deutsche Familie unter den Nürnberger Rassengesetzen

Vorwort von Ralph Giordano

Deutscher
Taschenbuch
Verlag

dtv

Ungekürzte Ausgabe
Januar 1987
Deutscher Taschenbuch Verlag GmbH & Co. KG,
München

ISBN 3-455-08640-3
Umschlaggestaltung: Celestino Piatti
unter Verwendung eines Fotos von dem
Antiquitätengeschäft der Familie Hecht
in Hamburg, Colonnaden (vor 1935)
Gesamtherstellung: C. H. Beck'sche Buchdruckerei,
Nördlingen
Printed in Germany · ISBN 3-423-10699-9

Das Buch

Wohl selten ist das Überleben unter den Nürnberger Rassengesetzen so eindringlich, so lakonisch und gerade deshalb so erschütternd geschildert worden wie in diesem Bericht. Ingeborg Hecht hat überlebt, aber erinnern kann sie sich erst jetzt, vierzig Jahre später; erst jetzt fallen Gedächtnisbarrieren, kann sie ihr Schicksal als »Mischling ersten Grades« schildern: Sie ist die Tochter von Felix Hecht und Edith von Sillich, die Tochter eines Juden und einer Arierin – Tochter aus einer sogenannten privilegierten Mischehe. Ohne Pathos schildert sie ihre zunächst behütete Kindheit in einem gutbürgerlichen Elternhaus, bis die politische und bürgerliche Entrechtung beginnt und die soziale Demontage nach den Nürnberger Rassengesetzen einsetzt: Dem Vater wird Berufsverbot auferlegt, das Haus der Eltern muß verkauft werden, sie selbst darf kein Gymnasium besuchen, nicht studieren, nicht heiraten, auch nicht, als sie ein Kind erwartet – einen »Mischling zweiten Grades«. Wie eine unsichtbare Mauer wuchsen Bedrohung und Angst. Vor allem die Angst um den Vater, die im Januar 1944 so grausam wahr wird: Felix Hecht wird nach Theresienstadt deportiert; die Familie sieht ihn nie wieder.

Die Autorin

Ingeborg Hecht wurde 1921 in Hamburg geboren und lebt heute in Freiburg. Sie ist seit 1945 freie Schriftstellerin und Mitarbeiterin bei Presse und Rundfunk. Sie veröffentlichte u.a.: ›In Tausend Teufels Namen. Hexenwahn am Oberrhein‹ (1977), ›Der Siechen Wandel. Die Aussätzigen im Mittelalter und heute‹ (1982), ›Badenweiler‹ (1983), ›Die seltsamen Wanderungen und Wandlungen des Lorenz Urban Ehrenbiet‹ (1984).

Inhalt

Dem Andenken meiner Eltern gewidmet – geschrieben aber auch für die Enkel Matthias und Florian, deren Mutter Barbara uns schon 1977 verlassen mußte.

Vorwort
von Ralph Giordano

Mit der vorliegenden Dokumentation ist Ingeborg Hecht ein Werk von erschütternder Glaubwürdigkeit gelungen – die autobiographische Geschichte einer Frau, die nach den Rassengesetzen des Dritten Reiches *Mischling ersten Grades* war: der Vater Jude, also *nichtarisch*, die Mutter *arisch*. Hauptschauplatz: Hamburg.

Benommen schlage ich die letzte Seite um und frage mich, was der eigentliche, der letzte Grund für die aufwühlende Wirkung der Lektüre sei. Ich glaube, es ist der Gegensatz zwischen dem Entsetzen des von der Autorin selbst Erlebten und der gebändigten Form seiner Wiedergabe. Das zuckt und bebt, all dies Unvergeßliche und Unvergeßbare, aber die Chronik des persönlichen Schreckens wird aufgezeichnet von einer außerordentlich disziplinierten Schriftstellerin. Ingeborg Hecht ist die lebende Gegenposition zu all denen, die aus leicht durchschaubaren Gründen meinen, es müsse »doch endlich einmal vergessen, endlich einmal vergeben« werden. Es handelt sich dabei übrigens um eine Forderung, die nach meinen eigenen Erfahrungen bereits unmittelbar nach dem Untergang des Dritten Reiches 1945 erhoben wurde, was nichts anderes bedeutet, als daß es mit dem »endlich einmal« nicht stimmt.

Es hat der vierzig Jahre seit der Befreiung bedurft, ehe Ingeborg Hecht Kraft und Fähigkeit gewann, die Geschichte einer Familie im Spiegel der »Nürnberger Gesetze« aufzuschreiben. So lange hat es gedauert, bis das Thema nicht mehr sie, sondern sie das Thema »hatte«. Diese ungeheure Zeitspanne läßt sich für das gleiche Thema auch bei anderen Autoren nachweisen – ich habe für meinen Hamburger Verfolgten-Roman ›Die Bertinis‹ etwa die gleiche Frist benötigt, und aus den gleichen Gründen.

Von den Ermordeten kehrt keiner zurück, und das Leid der Überlebenden ist weder meßbar noch aufzurechnen. Wohl deshalb fehlt bei der Autorin Haß, seiner Untauglichkeit wegen, das Vergangene zu bewältigen – er war und ist stets auf der anderen, auf der Feindseite anzutreffen, vor und nach 1945. Aber diese im persönlichen Umgang so sanfte Ingeborg Hecht ist – allein durch das Erinnern an die Tatsachen – unerbittlich gegenüber den Tätern aller Schattierungen. Hinter hanseatischem Understatement bricht es wie ununterdrückbare Schreie hervor. Anklage gegen jene deutschen Generationen, die von ihrem Lebensalter her mitverantwortlich waren für die Geschehnisse im Dritten Reich, ist dem Thema immanent. Es kann nicht anders sein. Nur ist Ingeborg Hechts Feder nicht primär von dieser Absicht geführt worden. Geführt worden ist sie – außer von dem Muß der Selbsterlösung, soweit sie möglich ist – von dem Wunsch, dem Drang zur Aufklärung der Jüngeren und Jungen, die de facto, de jure, moralisch, politisch, in jeder Weise schuldlos an den Verbrechen des Dritten Reiches sind. Das Buch ist eine Frage an sie. Die Frage: »Begreift ihr?«

Dies ist die Lebensgeschichte des deutschen Juden Felix Hecht und seiner nichtjüdischen Frau Edith, geb. von Sillich, deren Ehe zwei Kinder entsprossen – Ingeborg und Wolfgang. Die am 1. April 1921 geborene Tochter ist über eine weite Strecke ihres Daseins hin ahnungslos darüber, daß sie einst, sechzig Jahre nach ihrer Geburt, ihr minuziöses Erinnerungsvermögen zur Niederschrift von lange Unfaßbarem gebrauchen würde. Ebenso ahnungslos wie Felix Hecht und seine Frau gegenüber der Zukunft sind, als sie sich 1933 scheiden lassen. Diese Scheidung hat nichts mit dem Sieg der Nazis in Deutschland zu tun, sie ist eine Trennung, die in beiderseitigem Einverständnis erfolgt und mit der Verwandlung einer Liebesbeziehung in Freundschaft zu tun hat – ohne Kenntnis dessen, daß dieser Schritt kaum mehr als zehn Jahre später das Todesurteil für Felix Hecht bedeuten wird.

Die Weltenwende, das völlig Neue, das da heraufkommt mit dem 30. Januar 1933, die wachsenden Ängste, die Nischen von Hoffnung in der expandierenden Hoffnungslosigkeit, die schrumpfenden Inseln der »Normalität«, mit anderen Worten: die langsam zugeschraubte Garrotte der Rassengesetze um die Kehle der Bedrohten – das hat mir, der ich in einer ähnlichen Situation in derselben Stadt, in Hamburg, war, auf vielen Seiten der Lektüre schier den Atem genommen. Hinzu kommt die detaillierte Kenntnis der Schauplätze – das Frauenthal, die Hansastraße, die Grindelallee, diese ganze Stadtlandschaft von Harvestehude, von Winterhude, von Eppendorf, die Treffpunkte in der City, die Kinos und Cafés dort.

Ja, das begann allemal auf die gleiche Weise. Erst die sofortige bürgerliche und politische Entrechtung, noch bevor die Nürnberger Rassengesetze 1935 in Kraft traten, dann die unaufhaltsame soziale Demontage – in diesem Falle: Berufsverbot für Felix Hecht, Verlust der Anwaltspraxis, erste Finanznöte; man muß Zimmer vermieten. Dann – ein Paukenschlag schon – die Notwendigkeit, das Haus in der Hochallee zu verkaufen. Umzug in die Hagedornstraße – »der Vater kam mit uns«.

Es bleibt ein Merkmal des Buches, daß Ingeborg Hechts Erinnerungen bis in letzte Verästelungen reichen – bis zu Tönen, Düften, Liedfetzen –, wodurch eine unerhört dichte Atmosphäre zustande kommt. Ob es sich dabei um die rührend-röhrende Stimme aus dem Grammophontrichter handelt: »Reich mir zum Abschied noch einmal die Hände, good bye – good bye – good bye ...« (noch heute habe ich das tremolierend langgezogene letzte »baaaiii« im Ohr!) oder um jene, ganze Denkwelten festnagelnde Aufforderung einer Schuldirektorin an eine Lehrerin: »Machen Sie bei Ausflügen die Front möglichst blond ...«

Diese Lehrerin hieß Elisabeth Flügge, und sie zählte damals zu jenen Deutschen, die durch die Einwirkungen des Nationalsozialismus keinerlei Verlust ihrer humanen Orientierung erlitten – Ehre ihrem Andenken! Sie steht neben vielen anderen auch Ingeborg Hecht bei – eine unvergeßliche Pädagogin. Das sind die Stellen, an denen der Leser aufatmen möchte: Solche Menschen gab es damals also auch. O ja, aber die Logik daraus ist niederschmetternd. Denn wo eine derartige Minderheit existierte, mußte es eine andere Mehrheit geben. Und es gab sie. Ihre wachsende Identifikation spätestens ab 1936 mit dem »Führer« und der Nazi-Ideologie war unweigerlich begleitet von einem schweren Verlust der humanen Orientierung, und für einen Teil dieser Generation war er unumkehrbar – die zeitgenössischen Auswirkungen reichen bis in unsere Gegenwart hinein.

Das eigentliche Phänomen der Nazizeit – die Verfallenheit weitester Bevölkerungsteile an Hitler – macht gleichzeitig auch die ungeheure Verlorenheit der damals Verfolgten sichtbar. Diese Verlorenheit lebt in zahllosen Bildern und Ereignissen des Buches, ohne Richterpose der Autorin. Sie läßt die Dinge sprechen, was dann wirkt wie die Blitze eines lautlosen und deshalb um so unheimlicheren Gewitters.

Ich denke dabei, zum Beispiel, an den Besuch von Vater Hecht und Tochter Ingeborg in jenem Kino in Barmbek, wo die beiden sich heimlich einen Film anschauen wollten (was, mit tausend anderen Verboten, Juden bei Strafe untersagt war); hier wähnten sie sich weit genug von ihrem Wohnort auf der anderen Seite der Alster entfernt. Also fragten sie an der Kasse nach »guten Plätzen«, denn »in der ersten Reihe konnte man sich wirklich die

Genickstarre holen«. Aber solche Plätze waren nicht mehr frei, worauf sich Vater und Tochter, ohnehin nach staatlicher Auffassung auf kriminellen Abwegen, gottergeben nach vorn setzten, um überhaupt in den Genuß der Vorstellung zu kommen. Plötzlich sticht jedoch der Strahl einer Taschenlampe auf sie ein: Wird nach ihnen gesucht?

»Mir blieb das Herz stehen, die Beine begannen zu zittern. Kaum kamen wir von unseren Plätzen hoch. Würden da nun zwei Herren in Ledermänteln stehen oder in brauner oder schwarzer Uniform? Hatte irgend jemand den Vater erkannt? ›Ich habe jetzt eine Loge frei‹, sagte freundlich die aufmerksame Platzanweiserin. Sie konnte nicht ahnen, was sie angerichtet hatte. Man kann nicht sagen: Uns fiel ein Stein vom Herzen. Das wäre ein viel zu harmloser Ausdruck.«

Was denkt sich ein Jugendlicher von heute, Kind der Demokratie, im damaligen Alter von Ingeborg Hecht, also fünfzehn, sechzehn, wenn er so etwas liest? Was empfindet er in seiner Phantasie, in seiner bildlichen Vorstellungskraft, bei der Erinnerung der Autorin anläßlich der Rückkehr ihres Vaters, des *Schutzhäftlings* Felix Hecht, aus dem KZ Sachsenhausen-Oranienburg 1938?

»Er kam, kahlgeschoren, gebückt, schmal. Ein müder Mann, mit müden Augen. Und er fror, fror, fror ...«

Abermals: Wie treffen diese gleichsam in Stein gemeißelten Schreckensrufe einen jungen Menschen unserer Zeit? Und wie die Älteren, die Akteure des »Tausendjährigen Reiches« von zwölfjährigem Bestand – all die Indifferenten von einst, die Mitläufer und die glühenden Hitler-Anhänger, wenn sie lesen: Edith von Sillich, Mutter der Autorin, der *Rassenschande,* also des verbotenen Geschlechtsverkehrs, mit ihrem ehemaligen Mann bezichtigt, muß im Sitz der Gestapoleitstelle Hamburg unterschreiben, daß sie den Juden Felix Hecht niemals wiedersehen werde.

Dem lag eine Denunziation zugrunde. Mutter, Tochter und Sohn hatten inzwischen – weitere Etappe der sozialen Demontage – eine Wohnung in der Hansastraße genommen, die »verhängnisvoll eingeteilt war«, und zwar in einen vorderen und einen hinteren Teil; in letzterem lebten die Hechts. Wer zu ihnen wollte, mußte zuerst den vorderen Teil durchqueren. Der aber war von einem kleinen privaten Altersheim gemietet:

»... und diese Damen, alle in der NSDAP, hatten meine Eltern angezeigt ...«,

hatten angezeigt, daß Felix Hecht seine Kinder besuchte. Und wieder stellen sich Fragen: Wo sind sie später eigentlich geblieben, die zahllosen Denunzianten von damals? Jene Flut, die 1939 im Hamburger Stadthaus, als ich dort verhört wurde, einen Gestapomann, wenn auch durchaus im Sinne eines pronazistischen Loyalitätsbeweises, zu dem Geständnis hinriß: »Wir werden ihrer einfach nicht mehr Herr!«

Ja, wo sind sie geblieben, die einstigen Schattengestalten, die dann später nach außen sicherlich als brave Bürger der Bundesrepublik und der DDR lebten und ihr scheußliches Geheimnis eisern bewahrten oder bewahren, sofern sie noch leben?

Es ist das ungesühnte, das unsühnbare Unrecht, das einem bei der Lektüre von Ingeborg Hechts Buch das Herz abschnürt, die Inflationierung von Schuld und Verantwortung, und wie billig, von Ausnahmen abgesehen, diese Schuldigen und Verantwortlichen davongekommen sind. Das Verbrecherische des Nationalsozialismus begann nicht erst in seinem Kern, dem Vernichtungsapparat – es ist falsch, die Anklage auf seine Angehörigen zu reduzieren. Die Schuld beginnt bei der Zustimmung zu einem Regime, das die demokratischen Institutionen und Organisationen verhöhnte und die Menschenrechte mit Füßen trat. Schon lange vor der »Machtergreifung« gab es ein Reservoir von Reaktionären, die sich keinerlei Mühe gaben, ihren Rassismus, ihren Militarismus, ihre Kriegsbereitschaft zu verbergen. Und so kam es, daß die neuen Machthaber von Millionen die frenetischsten Ovationen erhielten. Es wird bei der Analyse der NS-Zeit nicht gern darüber geredet, bleibt aber nichtsdestoweniger die historische Wahrheit, daß der Appell an gewisse Instinkte massenhafte Reaktionen zugunsten der Naziherrschaft hervorrief. Denunziationen waren nur eine Facette.

Einmal begegneten Frau und Tochter zufällig dem verfemten Mann und Vater:

»Er ging auf der anderen Straßenseite, wir sahen uns alle drei gleichzeitig. Die Mutter wurde leichenblaß, blieb stehen. Auch der Vater blieb sekundenlang stehen. ›Um Gottes willen, bleib nicht stehen‹, sagte ich, ›sonst glaubt irgendeiner, der uns vielleicht doch bespitzelt, das sei Absicht‹. Die Mutter ging weiter. Der Vater ging weiter. Die Mutter fing an zu weinen.«

Welch eine Szene! Keine dichterische Phantasie vermöchte sie zu erfinden, keine auch die Gewissensqualen einer Frau zu schildern, die sich 1933 in Unkenntnis der Zukunft von ihrem jüdischen Mann scheiden ließ (übrigens ohne die Möglichkeit, mit ihm ein zweites Mal die Ehe einzugehen, denn das war verboten!) und ihn dadurch unbeabsichtigt des einzigen, wenn auch begrenzten Schutzes zu berauben, den Felix Hecht gehabt hätte – nämlich eine *arische* Frau und *halbjüdische* Kinder im Alltag neben sich zu haben, was damals *privilegierte Mischehe* hieß. So machte sich Edith von Sillich den Vorwurf, ihren ehemaligen Mann auf dem Gewissen zu haben, falls ihm etwas passierte:

»Sie hat das bis zu ihrem Lebensende gemeint.«

Selbst in dieser verzweifelten Situation war noch Platz für Skrupel – zum Beispiel gegenüber den »Stern«-Trägern. Während Freunde und Verwandte den gelben Davidstern mit der Aufschrift *Jude* tragen mußten, bestand für die Hechts als *Privilegierte* dieser Zwang nicht. Nun bangten sie nicht nur, daß der mögliche Besuch eines »Stern«-Trägers von der nationalsozialistischen Altdamenriege im vorderen Teil der gemeinsamen Wohnung bemerkt werden könnte, die Autorin gesteht auch die eigenen Versuchungen und Anfechtungen unter so infernalischem Druck ein:

»Wir zitterten aber auch um uns; wir zitterten darum, daß wir selbst in einer brisanten Situation einmal wegsehen würden, schweigen, weitergehen; wir zitterten auch bei uns selbst um das, was man Charakter nannte.«

Ich greife noch zwei kennzeichnende Ereignisse heraus aus diesem Buch, das so reich ist an ähnlichen Geschehnissen.

Am 26. August 1941 hatte Ingeborg Hecht eine Tochter zur Welt gebracht: Barbara. Da Felix Hecht seine geschiedene Frau nicht treffen durfte, ohne sich in Lebensgefahr zu begeben, er aber sein Enkelkind sehen wollte, war die Situation kritisch. Wie Begegnungen dann doch möglich wurden und welcher Prozeduren es bedurfte, schildert die Autorin so:

»Er wählte also unsere Nummer, ohne sich zu melden. Dann trug die Mutter Barbara die Treppe hinunter – wir wohnten im zweiten Stock – in den Hausflur, wohin sie vorher den Kinderwagen balanciert hatte. Sie ging vorsichtig vor die Haustür, und wenn der Vater Ecke Hansastraße/Grindelallee zu sehen war, schob sie den Wagen hinaus, ging schnell wieder ins Haus zurück, wartete, bis beide beisammen waren. Die ›Rückgabe‹ des Kindes erfolgte nach demselben Muster.

Über die Würdelosigkeit solcher Situationen haben wir uns schon lange keine Gedanken mehr gemacht.«

Und schließlich die Zusammenkunft des einstigen Ehepaares im Chaos der Hamburger Phosphornächte vom Juli 1943 – mit Hilfe einer tapferen *arischen* Frau, die ihr eigenes Leben aufs Spiel setzte, indem sie in einem Nebenraum jenes Luftschutzkellers, wo Mutter, Tochter und Enkelkind nach ihrer Ausbombung untergebracht waren, die Möglichkeit des unbeobachteten Beisammenseins schuf:

»›Ich hab dir Zigaretten mitgebracht‹, sagte der Vater zu seiner geschiedenen Frau, als habe man sich erst heute morgen und nicht so gewaltsam vor zwei Jahren im Gebäude der Gestapo getrennt. Er spielte die ganze Zeit über mit Barbara. Aus seiner Aktentasche holte er ein paar Kekse und für mich ein Mini-Kognakfläschchen. Wer über die reduzierten Rationen der Juden nicht Bescheid wußte, konnte auch nicht ermessen, was es bedeutete, daß er für uns immer noch irgendeine Kleinigkeit parat hatte. Wenn ich mir einen etwas bewegt formulierten Schluß für diese letzte Begegnung meiner Eltern erlauben darf, möchte ich das so ausdrücken: Von ihnen schien alle Entfremdung abgefallen zu sein, es gab kein Gestern, und es würde kein Morgen geben – es gab nur das Hier und Jetzt, das sie freundlich empfanden in diesem kleinen, dumpfen Raum, der fast nur durch eine Kerze erhellt war, die ein wenig sauerstoffarm flackerte, und in den noch einmal das Licht einer schönen und liebevollen Vergangenheit fiel – bevor es ganz verlöschen mußte.«

Mutter, Tochter und Enkelkind siedelten aus dem zerstörten Hamburg nach Staufen im Breisgau über. Felix Hecht wurde deportiert – erst nach Theresienstadt, dann nach Auschwitz. Wolfgang, der Bruder der Autorin, blieb in der zerfetzten Stadt an der Unterelbe und wurde dort jenen Maßnahmen unterworfen, die sich das Dritte Reich für *Mischlinge* und *jüdisch Versippte* ausgedacht hatte – Zwangsarbeiten, die nichts anderes bedeuteten als die letzte Etappe vor der Vernichtung auch dieser Personengruppe. Vor diesem Schicksal wurde der Bruder am 3. Mai 1945 durch den Einmarsch der britischen Truppen unter Feldmarschall Montgomery bewahrt – buchstäblich in letzter Minute.

Denn das Buch von Ingeborg Hecht bestätigt nur noch einmal: Für den Vernichtungsapparat des Reichssicherheitshauptamtes in Berlin bestand der ganze Unterschied zwischen *Volljuden, Mischlingen* verschiedener Grade und *jüdisch Versippten* nur in einem – nämlich in verschiedenen Terminierungen für den Transport in die Gaskammern. Eine andere Bestimmung hat es in der Mordplanung des Holocaust für diese Personengruppe nie gegeben. Als er an ihr – etwa 50000 Menschen im damaligen Reichsgebiet – praktiziert werden sollte, waren die großen Vernichtungslager im Osten bereits von der Sowjetarmee überrollt, so daß es dabei »organisatorische Schwierigkeiten« (Nürnberger Prozeß!) gab – der Mordradius des Vernichtungsapparates war stets identisch mit den von den deutschen Truppen besetzten Gebieten. Nun hatte die SS genug zu tun mit den endlosen Zügen von KZ-Häftlingen, die vor den anrückenden alliierten Heeren aus Ost und West in das den Nazis verbliebene Schrumpfdeutschland getrieben wurden. Der Ablauf der Weltgeschichte hat Hitler, Himmler und Kaltenbrunner keine Zeit mehr gelassen, den Holocaust zu vollenden.

Einzig diese Zusammenhänge waren die Voraussetzungen dafür, daß Ingeborg Hecht überlebte und ihre Erinnerungen niederschreiben konnte.

Als ich die Sammlung ›Das Sonderrecht für die Juden im NS-Staat‹* durchzublättern begann, schien sich das Leben meiner Familie noch einmal abzuspulen – fünfzig Jahre, nachdem alles begonnen hatte. Es gibt inzwischen so Vielfältiges über das Dritte Reich, daß ich nur ein Thema herauszugreifen wünsche, das bisher nicht beschrieben worden ist – es sei denn in Ralph Giordanos Roman ›Die Bertinis‹, der herauskam, nachdem mein Manuskript schon geschrieben und an einen Verlag unterwegs war. Doch sind die beiden Formen der Schilderung nicht vergleichbar. Unser Thema: Das Leben der *Mischlinge*, der *Abkömmlinge aus privilegierten Mischehen.*

Die Jüngeren kennen schon diese abstrusen Wortschöpfungen und Begriffe nicht mehr; sie haben überdies ihre eigenen Sorgen. Doch glaube ich, daß, im Gedenken auch an die Opfer dieser Gruppe der Verfolgten, eine Dokumentation angebracht ist und der Zeitgeschichte von Nutzen sein kann.

Ich habe dabei versucht, mich jeglicher persönlicher Reflexionen, Fragen, Klagen und Anklagen zu enthalten. Das war nicht einfach, zumal nicht in einer Welt, in der – unzulässige – Vergleiche mit anderen, neueren Gewalttaten an der Tagesordnung sind.

Und wenn wir schon bei Vergleichen sind: Man hat mir manchmal erwidert, daß Hitler auch viele der *arischen*

* Das Sonderrecht für die Juden im NS-Staat. Eine Sammlung der gesetzlichen Maßnahmen und Richtlinien – Inhalt und Bedeutung. Herausgegeben von Joseph Walk, mit Beiträgen von Robert M. Kempner und Adalbert Rückert. C. F. Müller Juristischer Verlag, Heidelberg-Karlsruhe 1981.

Die von mir zitierten Erlasse finden sich – mit den entsprechenden Quellenangaben – auf den angegebenen Seiten in dieser Sammlung.

Deutschen hat leiden lassen, zum Beispiel die Soldaten und ihre Familien. – Jedoch: Sie haben in ihrer *Volksgemeinschaft* gelitten, sie erfuhren Respekt und gegenseitige Hilfsbereitschaft; ihr gemeinsamer »Feind« (um auf die Kriegssituation einzugehen) sprach eine andere Sprache.

Das Leiden der Verfolgten aber erfuhr Hohn, Verachtung, Gefühlskälte, und zwar durch Menschen, die ihre Sprache sprachen und zu deren Gemeinschaft sie – als Deutsche – bis 1933 gehört hatten. Die Verfolgten erlebten das Leiden als Ausgesetzte …

Noch ein Wort zu den Erlassen des »Sonderrechts«: Sie sind manchmal derart absurd, daß man versucht ist, in Gelächter auszubrechen. Aber es ist ein schlimmes Gelächter, das von einer unfreiwilligen Komik der Mörder ausgelöst wird.

Freiburg, im Herbst 1983 I. H.

Die Familien
(1883–1933)

24. 3. 38: *Juden ist die Benutzung staatlicher Archive, außer zu familiengeschichtlichen Zwecken und zur Erforschung des jüdischen Volkstums zu versagen. In den genannten Ausnahmefällen ist darauf zu achten, daß dem jüdischen Archivbenutzer nur das Material vorgelegt wird, das für den Feststellungs- oder Forschungszweck unentbehrlich ist.(S. 219).*

Die Familiendaten mit Rängen und Namen fand ich in der hinterlassenen Urkundenmappe meines Vaters. Daß ich diese Papiere besitze, fotokopiert und geordnet (die Originale sind verbrannt), »verdanke« ich jener Zeit, in der sich jüdische Rechtsanwälte nur noch »Konsulenten« nennen und nur noch jüdische Klienten haben durften. Da hatte dann der Vater wenig Arbeit und viel Zeit. Der einzige Zweck, zu dem er seine alte berufliche Heimat, das Ziviljustizgebäude am Sievekingsplatz, noch betreten durfte, war das Betreiben der Ahnenforschung und das Fotokopieren des Erforschten.

Am 24. September 1883 wurde in Hamburg-Harvestehude dem jüdischen Kaufmann Jakob Hecht und seiner Ehefrau Hanna geborene Calmann ein Junge geboren, Felix. Er war das älteste von fünf Kindern einer Familie, die man später nicht mehr als eine deutsche zu bezeichnen bereit war.

Am 23. April 1900 wurde in Harburg an der Elbe dem evangelischen Polizeikommissar Friedrich von Sillich und seiner Ehefrau Fredegonde geborene Ossenkopp ein Mädchen geboren, Edith.

So war eine ordentliche Familie entstanden, man würde sie später eine *arische* nennen.

Herr von Sillich, Königlich-Preußischer Hauptmann d. R., zuletzt bei der Kommandantur des Feldrekrutendepots der 103. Inf. Div. in Meiningen, starb am 12. April 1918 nach einem Fliegerangriff in Sains-Richaumont an Herzschlag.

Im selben Jahr starb Jakob Hecht in Hamburg.

Das Fräulein von Sillich hatte eine glückliche Jugend. Als Fünfjährige – im putzigen Matrosenkleidchen – konnte die kleine Edith sehr stolz auf ihren Papa sein: 1905 war nämlich der Kaiser nach Harburg gekommen – am 19. Juni um 4 Uhr 40 Minuten, und »die Fahrt durch die Stadt begleitete Polizeiinspektor von Sillich ebenfalls in einem Automobil«; so stand es im ›Harburger Anzeiger‹, sogar mit Foto. – An Sonn- und Feiertagen fuhr man im Kremser in die Harburger »Schwarzen Berge« zu einem der gemütlichen Waldlokale oder in eine der Mühlen. Man spazierte zum Alten Hafen – dem kleinen Tor zur Welt nahe dem großen in Hamburg, das man noch mit der Dampffähre erreichte – oder über die stolze Elbbrükke. Damals war Harburg preußisch, gehörte noch nicht zu Hamburg. – Später wanderte man mit den Freundinnen in die Haake und sang zu den Klängen buntbebänderter Gitarren Zupfgeigenhansel-Lieder. Man genoß sparsame Reiterfreuden auf einem etwas überalterten Militärpferdchen der Harburger Polizei, der der Papa vorstand. Man ging in die Pauluskirche und sang: »Ein feste Burg ist unser Gott« – die dritte Strophe »Und wenn die Welt voll Teufel wär'« war einstweilen nur eine recht undeutliche Vorstellung ... Man kannte auch die Synagoge Ecke Eißendorfer- und Knoopstraße, das Gotteshaus einer anderen Religion, bei der man sich noch nichts Böses dachte – in Harburg lebten die Israeliten seit 1610 mit Schutzbriefen des Braunschweig-Lüneburgischen Herzogs Wilhelm.

Ich habe das berichtet, weil meine Mutter, jenes niedliche, kleine Mädchen Edith, aufgewachsen in einer sich ihr freundlich präsentierenden kleinen Welt, in der man Treu und Redlichkeit übte, nie ganz verstehen lernte, was ihr nach etwas mehr als einem Ehejahrzehnt entgegenkam ...

Die Harburger von Sillichs waren begeisterte Sammler von Zinngeschirr, das sie im »Rembrandthaus«, dem Antiquitätengeschäft der Hechts in den Colonnaden in Hamburg, erwarben – in bescheidenem Umfang allerdings, denn das Gehalt eines Hauptmanns war spärlich, es wurden davon noch Leutnantsschulden abgezahlt, beiläufig.

Des Kunsthändlers Sohn Felix, sechzehn Jahre älter als das Fräulein Edith, half ihr manchmal bei den Schularbeiten.

Im Krieg leistete Fräulein Edith dann als Helferin in Küche und Krankenzimmer am Herzoglich-Meiningischen Lazarett eine Art Ehrendienst ab. Niemals wollte sie Krankenschwester werden, aber das Vaterland hatte gerufen, einen jeglichen auf seinen Platz. Nach dem Tod ihres Vaters bot sich an, auf dem begonnenen Weg zu bleiben, und das Fräulein von Sillich ging an eine Schwesternschule nach Berlin. Nun, kurz vor der Vollendung ihrer Schwesternausbildung, hielt Felix Hecht um ihre Hand an, im Jahr 1919.

Am 25. Mai 1920 wurde in der »Villa Hanna« im Frauenthal 7 nahe der Alster, in Anwesenheit eines Pastors und eines Kantors, die Trauung vollzogen. Am Abend feierte man im Winterhuder Fährhaus und ließ ein imposantes Familienfoto machen.

Was die beiden eingegangen waren, würde man später als *privilegierte Mischehe* bezeichnen.

Am 1. April 1921 kam ich in der Privatklinik des Doktors Adolf Calmann, dem Bruder meiner Großmutter Hanna, in der Johnsallee 68, zur Welt. Zwei Jahre später, am 11. November 1923, wurde mein Bruder Wolfgang geboren.

Später würde man für uns den Begriff der *Mischlinge ersten Grades* prägen, uns nicht mehr als Reichsbürger betrachten und für unseresgleichen einen großen Teil der »Nürnberger Gesetze« ausdenken, »zum Schutz des deutschen Blutes und der deutschen Ehre«.

Frauenthal 7, die »Villa Hanna«, genannt nach meiner schönen Großmutter, war ein stattliches Eckhaus mit Giebeln, Vorbau und Vorgarten – das einzige in dieser kleinen Straße vom einstigen Klosterviertel, das nicht mehr existiert; dort steht heute eine Tankstelle.

Das feine Haus lag im Mittelpunkt von Hamburgs schönsten Wohnvierteln Harvestehude-Rotherbaum-Eppendorf-Winterhude-Uhlenhorst. Die Villen dort waren mit allen Attributen der Gründerzeit versehen, wie Jugendstilportalen, neoklassizistischen Fenstern und Altanen, neubarocken Giebeln, wilhelminischen Prunkfassaden. Mittendrin der Eichenpark an der Alster, wo wir die Schwäne fütterten.

Den Großeltern Hecht und ihren fünf Kindern war es zu gönnen, in Harvestehude zu leben. Ihre Vorfahren kamen aus den jiddischen »Stäteln« Osteuropas, wie wir sie nur noch aus der Literatur kennen, etwa von Joseph Roth, von Isaac B. Singer, von Manès Sperber; eine Welt, die es nicht mehr gibt, die zerstört worden ist durch Vertreibung und Vernichtung – und die nun Geschichte ist –, hier und dort noch in uralten Photoarchiven vorhanden …

Aber jener Welt gehörten meine Großeltern nicht mehr an: Es mußte erst das gemeinsame Leid in Auschwitz, Majdanek, Treblinka, Warschau über sie hereinbrechen, damit sich die östlichen und westlichen Kinder Israels wieder ihrer gemeinsamen Wurzeln erinnerten.

Im schönen Garten im Frauenthal und auf einer Terrasse, die fast geräumiger gewesen sein muß als ein ganzes »Stätel-Häuschen«, durften diese sogenannten Westjuden die Not ihres Volkes auf eine kurze Zeit vergessen, verdrängen. Es war wahrhaftig eine sehr kurze Zeit, denn erst Mitte des neunzehnten Jahrhunderts, um das Jahr 1864, war den Juden nach einem langwierigen Prozeß die bürgerliche Gleichberechtigung zuteil geworden; schon in der nächsten Generation aber mußten sie wieder auf grausame Weise zurück in die Isolation.

Der älteste Sohn, mein Vater, mußte Jura studieren, wiewohl sein Herz für die alten Sprachen schlug. Aber Papa Hecht wünschte sich einen Vermögensverwalter; es hätte seiner nicht bedurft ...

Die beiden jüngeren Brüder Hellmuth und Edgar sollten die väterliche Firma übernehmen und wurden Kunsthändler. (Hellmuth ist später nach Quito ausgewandert und Mönch geworden; niemals hat man wieder von ihm gehört.) Ein dritter Bruder ist sehr jung in Hamburg gestorben – als einziger von den Geschwistern (wenn man von dem Mönch absieht) eines natürlichen Todes. Schwester Alice, die nach einer Kinderlähmung ein steifes Bein behalten hatte, zog nach Berlin und kümmerte sich, solange die Firma noch existierte, um die väterliche Filiale in der Tauentzienstraße.

Mein Vater verließ 1927 mit uns, seiner Familie, das patrizierhafte Refugium, in dem Großmutter Hanna herrschte – ließ sich sein Erbe ausbezahlen und kaufte das Haus in der Hochallee Nr. 73. Es war eine Villa mit bescheidener klassizistischer Fassade, den meisten Villen dieses Straßenstückes zwischen Klosterstern und Innocentiastraße ähnlich, ohne den Schmuck und die Baufreude des baumreichen Frauenthals.

Dort sind Wolfgang und ich aufgewachsen. Von dort aus sind wir in die Schule gegangen, ich in eine private Realschule für Mädchen am nahen Mittelweg, mein Bruder in eine Volksschule in der Schlüterstraße. In diesem »besseren« Teil zwischen Jungfrauenthal und Hallerstraße haben wir Indianer und Trapper gespielt, haben Fahrradfahren gelernt auf der damals noch fast autolosen Straße und sind mit unseren Schlitten »gleich um die Ecke« in den Innocentiapark gezogen. Im Hintergarten, wo ein ausgewachsener Birnbaum prangte, auf den zu klettern für Stadtkinder fast ein Abenteuer war, haben wir uns in der Sandkiste eine prächtige, tiefe Höhle graben dürfen, die wir abstützten und mit Decken verdunkelten. Hier wurde – symbolisch – die tönerne Indianer-Friedenspfeife geraucht, Schäferhund Lux und Katze Blacky waren dabei und ein Nachbarjunge aus der nahen Parkallee, der solange mit uns spielte, bis daß die Hitlerjugend uns schied ... Aber schlafen durften wir dort draußen nicht, wie der Beneidenswerte aus dem Haus nebenan, der mit seinem Vater in einer »Laubhütte« höchst romantisch wohnte – eine Woche lang, nach dem Versöhnungsfest Jom Kippur, zum Gedächtnis an des Volkes Israel Wüstenwanderung; durchs geflochtene Dach der Weidenzweige – so wollte es der Ritus – sollten die Sterne sichtbar sein ... »Das ist nicht zum Spaß«, sagten die Eltern. Aber wir wußten nichts mehr von jüdischen Gebräuchen, auch nicht, daß es mit der Menora in Vaters Arbeitszimmer mehr auf sich hatte als mit einem gewöhnlichen siebenarmigen Kerzenhalter.

Wir waren Kinder von Eltern zweier Konfessionen, und man wollte uns eines Tages die unsere selbst wählen lassen. Von der jüdischen erzählte man uns aber nichts; das war wohl eine der Maßnahmen für die Assimilierung, die die meisten Westjuden anstrebten.

Nach fünf Jahren einer Existenz als »Kinder aus gutem Haus«, mit Köchin und Kinderfräulein, reichten meine Eltern die Scheidung ein. Ausgesprochen wurde sie im Jahr 1933. Diese Scheidung hatte nichts zu tun mit dem politischen und menschlichen Unheil, das da aufzog. Daß die Eltern aus ganz persönlichen Gründen, wirklich im Guten und ohne einen uns Kindern je offenkundig gewordenen Streit auseinandergingen, hat meine Mutter durch Tapferkeit, Zivilcourage und später unter Gefahr für das eigene Leben nachhaltig beweisen können. Zunächst bereits, indem sie es nicht zuließ, daß der in Angelegenheiten des Alltags ein wenig hilflose Vater sich ein anderes Domizil suchte; wir blieben unter einem Dach, einstweilen.

Berufssorgen und Umzüge (1934–1938)

16. 1. 34: *Berufliche Verbindungen mit Rechtsanwälten, deren Zulassung zurückgenommen ist, unter anderem bei Zurücknahme wegen nichtarischer Abstammung, sind verboten. Das Verbot umfaßt auch Bürogemeinschaften, Mietverhältnisse ... Jede Bürogemeinschaft und Sozietät zwischen arischen und nichtarischen Rechtsanwälten ... ist verboten. (S. 68)*

20.12.34: *Frühere Rechtsanwälte dürfen die Bezeichnung »Rechtsanwalt« nicht mehr führen. (S. 100)*

19.12.35: *Die Gerichte haben darauf zu achten, daß Juden nicht zu Armenanwälten, Pflichtverteidigern, Konkursverwaltern und dergl. bestellt werden. (S. 147)*

Schon im Frühsommer 1933 waren allenthalben Erlasse und Befehle wie die folgenden aufgetaucht, und die daraus deutlich werdende Gesinnung wurde immer brutaler:

17. 5. 33: *Arzneimittel, deren Hersteller Juden sind, sind nur zu verordnen, wenn andere gleichwertige Präparate nicht vorhanden sind. (S. 23)*

30. 6. 33: *Es wird Nationalsozialisten verboten, Lokale zu betreten, in denen Juden verkehren. Das bezieht sich nur auf Cafés und Restaurants, dagegen nicht auf Hotels.(S. 34)*

9. 5. 33: *Alle städtischen Angestellten werden aufgefordert, von Käufen in jüdischen Läden abzusehen und noch bestehende Monatskonten umgehend zu kündigen. (S. 21)*

Folgerichtig war es also ein Ereignis, das in unserem Gedächtnis bleiben wird unter dem Begriff »Der Boykott«:

Am 1. April 1933, meinem zwölften Geburtstag, standen vor jedem jüdischen Geschäft in Hamburg (und nicht nur dort) SA-Männer und versuchten, die Käufer anzuhalten. »Wissen Sie, daß dies ein Judengeschäft ist?« Damals gab es noch genug Bürger, die, etwas irritiert und erstaunt zwar, aber doch noch ohne Angst, durch dieses braune Spalier in die Läden gingen; alles war noch zu neu, absurd, ungewohnt und zu plötzlich in einen normalen Alltag gefallen, als daß die Gefahr und das, was sich da vorbereitete, ernst genommen wurde. Ernst nahmen es eigentlich nur diejenigen, die Hitlers ›Mein

Kampf‹ gelesen hatten – und das waren sehr wenige. Hat der Autor doch keinen Hehl aus der Erbarmungslosigkeit gemacht, mit der er seine Weltanschauung durchzusetzen gesonnen war.

Ich hatte auf dem Geburtstagstisch ein silbernes Fünfmarkstück gefunden und wollte mir von einem Bruchteil dieses Schatzes Krokanteier kaufen. Vor einem Süßwarengeschäft am Eppendorfer Baum sagten die Herren in Braun ihren Vers auf; mir sah man das *Jüdisch-Versippte* – nach der Nazimeinung hatten alle Juden krumme Nasen! – ja nicht an. Stolz ignorierte ich sie. Zu Beginn konnte man noch Stolz zeigen auf den eigenen Mut, später bekam man bei solchen Unternehmungen Herzklopfen ... Die beiden älteren kleinen Damen, die seit langem dieses schöne süße Geschäft betrieben, hatten verweinte Augen. Ich bekam meine Krokanteier – und noch ein Marzipanei extra.

Im nächsten April erschien eine Information, in der sich »der Dank des Vaterlandes« bereits abzuzeichnen begann:

19. 4. 34: *Laut dem Hamburger Fremdenblatt gilt der Arierparagraph für alle dem Zentralausschuß Hamburger Bürgervereine angeschlossenen Organisationen. Nichtarische Mitglieder sind bis zum 15. 5. 34 zu entfernen.(S. 78)*

Ich weiß nicht, ob auch mein Vater »zu entfernen« war, doch sicher hat er es nicht mehr darauf ankommen lassen: Seit 1923 gehörte er dem »Heimschutz Groß-Hamburg, Bezirk Harvestehude« an, war also Hilfspolizeibeamter – gewesen.

Die Gesetze gegen seinen Berufsstand entstanden, noch bevor mein Vater seine Praxis richtig hatte anlaufen lassen können, und damit begann die Vernichtung der gerade im Aufbau gewesenen Existenz. Zunächst versuchte meine Mutter, das Schlimmste zu verhüten, indem sie im Haus in der Hochallee eine kleine Pension eröffnete.

Was unsere *arischen* Großeltern anging, so haben Wolfgang und ich manchmal im Adelskalender, im ›Gotha‹, nachgeschlagen. Die Vorfahren hatten erst 1871 in Petersburg ihr willkommenes *von* erhalten – weshalb die »richtigen« Adeligen, die ja meist mit mittelalterlichen Quellen aufwarteten, ein wenig süffisant vom Bagatell- oder Etagenadel sprachen. Uns war es ohnehin gleichgültig, ob uralt oder neu, aber nun bekam das kleine Wörtchen *von* eine sinnvolle Funktion: Die Mutter nahm ihren Mädchennamen wieder an, so daß auch *Arier* relativ unbesorgt bei uns wohnen konnten. Jedenfalls anfangs noch. Aber mein Bruder und ich begannen zu begreifen, daß unser künftiges Leben, unser Alltag von einer schlimmen Kargheit bestimmt werden würde; denn die Mutter war, was das Führen einer Pension anging, völlig ahnungslos. Alles ging eher schlecht als recht, und versöhnlich für die Mieter war nur die menschlich erfreuliche Atmosphäre; der Betrieb war zum Scheitern verurteilt, und beide Eltern wurden, da sie überfordert waren, immer häufiger krank.

Im Haus gab es – nicht zuletzt unter dem vielfachen seelischen Druck – zwischen den meist jüdischen Mietern manches Familiendrama; mein Vater wurde eine Art Scheidungsberater. Eines Tages hieß es, »unser« Ehepaar L. wolle sich trennen. Madame und die Kinder würden auswandern, Herr L. sollte bei uns wohnen bleiben. Alles sei friedlich zu regeln, und es gab sogar eine Abschiedsfeier. Ich höre noch die rührend-röhrende Stimme durch den Grammophon-Trichter: »Reich mir zum Abschied noch einmal die Hände, good bye, good bye, good by-yye ...« Die Damen hatten verweinte Augen, Herr L. sah sehr verzweifelt aus. »Wie sinnig. Aus ›Viktoria und ihr Husar‹«, sagte der Vater mit einem Anflug von Lächeln, weil die Operette in Ungarn spielt. Die schöne Scheidende wurde nämlich im Ausland von einem Ungarn erwartet ... Wie nahe beieinander lagen doch Kitsch und Verzweiflung.

Aber solche juristischen Turbulenzen machten bei uns, und das ist wörtlich zu nehmen, den Kohl nicht mehr fett. Es ging immer mehr bergab, denn meine Eltern hatten noch keine Vermögensrücklagen. Das Personal mußte uns verlassen.

Die Mutter war bemüht und tapfer, aber nicht tüchtig. Am 29. November 1934 wurde das Haus in der Hochallee zwangsversteigert. Wir zogen in eine Sechszimmerwohnung in der Hagedornstraße 27. Der Vater kam mit. Zwei Zimmer wurden – als lebensnotwendigste materielle Basis – vermietet.

Gleichzeitig mußte der Vater sich von seinem Sozius trennen, die Bürogemeinschaft aufgeben und die *arische* Sekretärin entlassen, die viele Jahre bei ihm gewesen war und sich mindestens so verzweifelt fühlte wie wir; noch lange hat sie uns besucht. Der Vater zog in ein viel kleineres Büro im »Hamburger Hof« am Jungfernstieg, und nur wenige Stunden in der Woche kam eine jüdische Bürohilfe.

In der Hagedornstraße war ein Zimmer an ein Ehepaar vermietet; beide waren *halbjüdisch*. Die junge Frau, Manon, wurde meine schwesterliche Freundin. Ich besuchte sie später in ihrem Heimatort Berlin – und war ausgerechnet in der *Kristallnacht* dort. Im zweiten vermieteten Zimmer wohnte ein jüdischer Gelehrter aus London, der an der Hamburger Universität zu tun hatte, der Chemiker Dr. Herbert Weil. Beide Mitbewohner konnten später beim Amt für Wiedergutmachung bestätigen, daß wir zu jener Zeit noch eine »intakte, gutbürgerliche Wohnungseinrichtung« hatten – denn in den fünfziger Jahren verlangte man wahrhaft seltsame, weil nahezu unmögliche Nachweise ...

Was diesen letzten Glanz, der ans großelterliche Haus am Frauenthal erinnerte, anging, so war es zwar um die Ausstattung noch ganz gut bestellt, wenn es auch buchstäblich überall zu bröckeln begann. Zum Leben aber hatten wir zuwenig. Nach der Schule spielte ich für fünf kostbare Mark in der Woche Babysitter – das war damals so üblich noch nicht, und Spaß hat mir's keineswegs bereitet.

Aber auch diese noch schöne Wohnung mit Balkon und Garten ließ sich nicht lange halten. Wir zogen also 1937 wieder um. In der Hansastraße fanden wir eine für unsere Gewohnheiten etwas absonderlich anmutende Wohnung, die wir uns mit einem Ehepaar teilten, das wir vorher nie gesehen hatten. Herr S. war Bäckergeselle und bewohnte mit seiner Frau eineinhalb, wir dreieinhalb Zimmer. Die Situation war, um es gelinde auszudrücken, ungewohnt.

Der Vater zog diesmal nicht mit. Er blieb in der Hagedornstraße bei seinem jüngsten Bruder Edgar, der mit Tante Hanna und Vetter Hans unser Nachbar gewesen war und ein Zimmer vermietet hatte, an den *arischen* Kunsthändler Dr. Alfred Lawrenz, genannt Ali, der nun zu uns zog. Glücklicherweise – er sollte uns in schweren Zeiten viel Hilfe zuwenden. Ohne ihn hätten wir die kommenden Jahre nicht so »glimpflich« überstanden.

»Kameraden«
(1934–1936)

17. 8. 34: Wanderungen jüdischer Jugendverbände: *Jugendlichen der jüdischen Jugendverbände, die am Staatsjugendtag nicht beteiligt sind, ist es gestattet, am Sonntag Wanderungen, aber keinen Geländesport, zu betreiben.(S. 89)*

8. 10. 35: *Die von jüdischen Jugendverbänden errichteten bzw. noch zu errichtenden Heime haben an Stelle der Bezeichnung »Jüdische Jugendherberge« von jetzt ab die Bezeichnung »Jüdisches Übernachtungsheim« zu führen.(S. 135)*

Im Jahr 1934 »keilte« mich eine Schulfreundin in den »Deutsch-Jüdischen Wanderbund Kameraden«. Zu ihm gehörte ein flotter Wimpel: weiße Möwe auf blauem Feld, und ein zackiges Lied »Wir sind die Kameraden / ehrliche Kerls wolln wir sein ...« Was auch sonst wohl?

Dort lernte ich – die ich sehr groß bin – die »kleine Inge« (das Attribut hat uns bis heute unterschieden) kennen, deren Schicksal mich, wie durch mein ganzes bisheriges Leben, auch durch diese Buchseiten begleiten wird. Damals war unser Name beliebt, nicht zuletzt bei den assimilierten Juden. Er klang so nordisch! Die »kleine Inge« war hellblond und blauäugig – eine Ausnahme also in der Gruppe. »So was will *Halbjüdin* sein«, sagte einer unserer Jungens, als sie zum ersten Mal auftauchte, »um dein *herrenrassisches* Aussehen würden dich die Herren Hitler und Goebbels sehr beneiden!« Wir lernten es, mit schwarzem Humor umzugehen, und das Aussehen der »kleinen Inge« gab dann auch Anlaß zu manch tragikomischer Geschichte.

Zwei Jahre wanderten wir an den Sonntagen und in den Ferien über Harburg in die Haake und südwärts in die Heide nach Hittfeld, Buchholz, Müden. Wir sahen uns nicht als jüdischen Jugendverband, gingen also – wenn auch nicht immer ganz ohne Besorgnis – in die Jugendherbergen und saßen mit den anderen Wandernden zusammen im Eßsaal oder ums Lagerfeuer – bis unser schöner Bund im Jahr 1936 verboten wurde.

Einmal in der Woche war Heimabend. Es dauerte relativ lange, bis unsere Eltern aus den Andeutungen und Schlagworten, die so gar nicht zu uns paßten, zu merken begannen, daß unsere Gruppenführer uns »gesellschaftspolitisch« abzuwerben begonnen hatten. Als man uns aus dem ›Kapital‹ vorzulesen sich bemüßigt fühlte, langweilten wir uns fast zu Tode, und auch die wohlmeinenden Erläuterungen der älteren Kameraden halfen uns kaum auf den linken Weg, wiewohl natürlich auch wir Gerechtigkeit für alle Verdammten dieser Erde wollten. Unsere armen Eltern hatten nun doppelt Angst: zwar nicht vor unserem Rot-Front-Kurs, aber davor, daß man den Bund nicht nur als *jüdisch*, sondern auch als *kommunistisch* ansehen und verfolgen würde ...

Spaß machte das Wandern, das Singen, das Trampen. Trampen war damals weitaus unüblicher und ungefährlicher als heute. Wir trampten nur als Gruppe, fuhren nur auf Lastwagen freundlicher Fahrer, sangen unsere Lieder buchstäblich in den so gern beschworenen Wind, in dem wir unsere weiße Möwe auf blauem Feld flattern und knattern ließen. Für brave, kleine Bürgermädchen war das alles – übrigens auch das »Brüder-Zur-Sonne-Zur-Freiheit«-Singen – höchst abenteuerlich und »pfunds«. Trotz des lächerlichen Erlasses vom 17. August 1934 machten wir Geländesport und -spiele. Es war wohl das einzige Mal, daß ich den Erdenkern absonderlicher Vorschriften nicht unbedingt gram war: Ich fand solche körperliche Ertüchtigung in Wald- und Heidesand ebenso unausstehlich wie überflüssig. »Ein zu kleines Herz bei zu schnellem Wachstum«, sagte unser »Onkel Doktor Zacharias« – seit Jahrzehnten Familien-Hausarzt, Freund und Helfer –, wenn ich außer Schwimmen keinen Sport gut vertrug.

Hier sei eingefügt, daß er am 15. Juli 1942 nach Theresienstadt deportiert worden ist; in Käthe Starkes 1975 erschienenem Buch ›Der Führer schenkt den Juden eine

Stadt«[*] habe ich seine traurige Spur noch einmal gefunden: Nachdem er an Fleckfieber erkrankt war, nahm er sich das Leben. »Er hatte es vorgezogen, nicht abzuwarten, bis die Unterernährung ihr Werk vollendet habe, sondern angesichts der hiesigen Lebensumstände selbst den Termin bestimmt. Am 11. August 1942, drei Wochen nach seiner Ankunft, hat dieser begnadete Arzt ... und sichere Diagnostiker sich selbst die Diagnose gestellt und die Konsequenzen mit einem mitgebrachten Medikament gezogen.«

Montags ließen wir uns in Wortgefechte mit den BDM-Mädchen der Klasse ein. In unserer Schule war die Hälfte der Schülerinnen jüdisch, und da die Freundschaften noch nicht vom Rassenwahn befallen und beeinflußt waren, verliefen auch die Diskussionen so dramatisch nicht. Sangen wir doch sogar dieselben Fahrtenlieder: »Wenn die bunten Fahnen wehen, geht die Fahrt wohl übers Meer!« Nur die neue Poesie war nichts für uns: »Als die goldne Abendsonne / sandte ihren letzten Schein / zog ein Regiment von Hitler / in ein kleines Städtchen ein ...« Schade um die schöne Melodie, dachten wir.

Im Jahr 1936 wurde unser Bund »Kameraden« verboten. Die Zionisten unter uns, wohl wissend, daß sie als jüdische Gemeinschaft nur an *einem* Ort der Erde versuchen könnten, ihre Ruhe zu finden, wollten nach Palästina.

Die Kommunisten unter uns wollten möglichst bleiben. Wir mußten erleben, daß man unseren Gruppenführer verhaftete; er kam nur relativ schnell wieder, weil seine Familie sich beeilte, seine Auswanderung vorzubereiten. Aber seither wußten wir, was ein Konzentrationslager war ...

* Käthe Starke: Der Führer schenkt den Juden eine Stadt. H. Christians Verlag, Hamburg 1975.

Von den »Kameraden«-Mädchen blieben nur die »kleine Inge« und ich zurück. Unsere Väter waren ja Frontkämpfer gewesen und wiegten sich in Träumen vom Dank ihres Vaterlandes – das aber schon aufgehört hatte, das ihre sein zu wollen. Erlasse wie der folgende gehörten zu den zynischsten, wenn man überhaupt beginnen wollte zu werten:

13. 7. 36: *Nichtariern ist die Vergünstigung für Kriegsblinde bei den Fernsprechanschlüssen nicht zu erteilen.(S. 168)*

Im Gegensatz zu mir war mein Bruder Wolfgang sportlich. Aber aus dem Hamburger Sportverein (HSV) wurde er schon früh »entfernt« – etwas, das er lange Zeit nicht verwinden konnte.

Seine Kicker-Begeisterung hatte ihn 1936 veranlaßt, zur Olympiade nach Berlin zu trampen. Diese Art des Reisens war, wie gesagt, damals nicht sehr üblich, auch waren die Dreizehnjährigen noch nicht so »erwachsen« wie heute. Aber das Fahrgeld war nicht aufzubringen, und die Eltern hatten weder Kraft noch Mut, ihm dieses für ihn wichtige und außergewöhnliche Vergnügen zu verbieten.

Der Opportunismus der Nazis während der Olympiade schlug sich in »vertraulichen Erlassen« nieder:

11. 6. 35: *Tafeln »Juden unerwünscht« und ähnliche sind von Hauptverkehrsstraßen (wegen der Olympiade) unauffällig zu entfernen. (S. 117)*

3. 12. 35: *Um die Olympischen Spiele 1936 in Berlin nicht zu gefährden, sind alle judenfeindlichen Schilder und Anschläge in der Gegend von*

Garmisch-Partenkirchen, in der die Winterspiele stattfinden, zu entfernen. (S. 143)

Auch religiös war mein Bruder interessiert und engagiert. Er gehörte zur »Vereinigung 1937 e.V.«, ursprünglich »Reichsverband nichtarischer Christen e.V.«, später »Paulusbund«. Dieser Bund machte ebenfalls Fahrten und Wanderungen und hatte seine Heimabende. Doch alle diese Zusammenkünfte mußten stets bei der Gestapo angemeldet werden. Das war wenig anregend – immer auch mit ein wenig Angst verbunden –, und vor Kriegsausbruch wurde der Bund verboten.

Wolfgangs gescheiterte Engagements im Sportverein und im Wanderbund machten ihm das Leben fast noch schwerer als mir. Je mehr die Ereignisse *Arier* und *Nichtarier* mit grauenhafter Zwangsläufigkeit zum Auseinandergeraten zwangen, desto mehr Gelegenheiten zu seelischen Konflikten entstanden. Wolfgang wurde sehr still, und es wurde ihm zur Gewohnheit, »viel in sich hineinzufressen« – was nicht ohne Folgen auf sein Lebensgefühl bleiben konnte.

Schulzeit
(1935–1937)

15. 9. 35: Gesetz zum Schutze des deutschen Blutes und der deutschen Ehre

§ 1: Eheschließungen zwischen Juden und Staatsangehörigen deutschen oder artverwandten Blutes sind verboten. Trotzdem geschlossene Ehen sind nichtig.

§ 2: Außerehelicher Verkehr zwischen Juden und Staatsangehörigen deutschen oder artverwandten Blutes ist verboten.

§ 3: Juden dürfen weibliche Staatsangehörige deutschen oder artverwandten Blutes unter 45 Jahren in ihrem Haushalt nicht beschäftigen. (S. 127)

15. 9. 35: Reichsbürgergesetz

Reichsbürger sind nur Staatsangehörige deutschen oder artverwandten Bluts. Der Reichsbürger ist der alleinige Träger der politischen Rechte. (S. 127)

14.11.35: VO zum Reichsbürgergesetz

Juden (d.h. wer von mindestens 3 der Rasse nach volljüdischen Großeltern abstammt, wobei als volljüdisch gilt, wer der jüdischen Religionsgemeinschaft angehört, oder Mischlinge mit 2 volljüdischen Großeltern ...) können nicht Reichsbürger sein, haben kein politisches Stimmrecht und können kein öffentliches Amt bekleiden ... Der Führer kann Befreiung von den Vorschriften erteilen. (S. 139)

Mein Bruder und ich waren, als die »Nürnberger Gesetze« herauskamen, zwölf und vierzehn Jahre alt. Wir konnten also einigermaßen begreifen, worum es ging. Was aber die Eltern, die eine *privilegierte Mischehe* führten, für grausame Sorgen mit jüngeren *Mischlingen* hatten, erfuhr ich von Lotte Paepcke. Sie wurde 1910 in Freiburg im Breisgau geboren, machte 1933 ihr juristisches Staatsexamen und durfte nicht als Juristin arbeiten – weder frei noch an der Universität.

6. 4. 33: Assistentenordnung
Neubesetzung von Hochschulassistentenstellen mit Angehörigen der jüdischen Rasse wird untersagt; laufende Verträge mit diesen Personen sind nicht zu verlängern oder zu erneuern. (S. 11)

Vor allen weiteren Gefahren war sie eine Zeitlang geschützt durch ihre Ehe mit einem *arischen* Wissenschaftler. Als es auch für sie lebensgefährlich wurde, versteckte man sie in einem Freiburger Kloster.

Zunächst lebte die Familie in Leipzig. Im Mietshaus, wo sie ihre Situation vorher bekanntgeben mußten, nahm man sie zwar auf, und man war auch freundlich zu diesem als ein wenig exotisch empfundenen *Mischehe-Paar.* Aber um welchen Preis mußte sich Lotte Paepcke das Wohlwollen erkaufen. Sie berichtet darüber in ihrem 1979 erschienenen Buch ›Ich wurde vergessen‹*:

* Lotte Paepcke: Ich wurde vergessen. Herder-Bücherei 733. Herder, Freiburg 1979.

»... Ich putzte mit höchster Beflissenheit Treppen und Gänge ... und grüßte alle die fremden Leute in freundlicher, sympathieheischender Weise. Da war er wieder über mir, der Fluch, der auf den Verfolgten lastete: um Wohlwollen betteln zu müssen ...« Denn das Leben zwischen den Welten war gepflastert mit Mosaiksteinen, die, zusammengesetzt, Anpassung, Unauffälligkeit bedeuteten und – bedeuten mußten. Lotte Paepcke drückt das so aus: »Man mußte alle Menschen, mit denen man in Berührung kam, dazu überlisten, einen zu lieben, um sie für den Ernstfall kampfunfähig zu machen. Man mußte sie ohne ihr Wissen so präparieren, daß auf jeden Fall ihr Mitleid bereit war, etwa von amtlichen Stellen befohlene Haßgelüste zu schwächen.« Zwar hatte man die Familie im Mietshaus aufgenommen, aber eine »Frauenschaftsdame« wurde beauftragt, »darauf zu achten, ob die Jüdin sich anständig benehme, ob sie bei den Nachbarn keinen Anstoß errege und mit wem sie verkehre«. Überflüssig zu bemerken, wie leicht man in so einem Haus mit Harmlosestem in Querelen geraten und also »Anstoß erregen« konnte ... Verfolgte konnten sich so was nicht leisten. »Die Waffe des ausgestoßenen Menschen war, sympathisch zu sein.«

Noch dramatischer war das Problem mit Frau Paepckes kleinem Sohn; er war acht Jahre alt.

»Der Vater meldete ihn in der für ihn zuständigen Volksschule an, und der Direktor, ein Blutordensträger, brachte unmißverständlich zum Ausdruck, daß ihm der Zugang dieses Mischlings unerwünscht sei. Aber die Volksschule war verpflichtet, ihn zu nehmen, während die höhere Schule ihm versperrt war. Und so wurde Peter dann in deutsche Zucht genommen, stand jeden Morgen stramm und salutierte, während der Obmann der Klasse meldete: ›Klasse IIIb zum Unterricht angetreten.‹ In der Pause marschierte er in Reih und Glied, wobei nur der Obmann an der Spitze das Recht hatte, die Lehrer zu grüßen, während der Direktor von allen in strammer Haltung gegrüßt werden mußte. Und Peter lernte, daß der Führer keine Nacht mehr schlief aus Sorge um sein Volk, und daß man die Juden schlagen muß, wo man sie trifft. Dies riet er uns auch eines Abends beim Nachtessen. Das Blut stieg mir zu Kopf über die Ungeheuerlichkeit des Augenblicks und weil ich ihm jetzt nicht sagen konnte: ›Hier vor dir sitzt so ein Jude! Deine Mutter ist es!‹ Aber das Kind war damals noch so kindlich und naiv und redete so offenherzig über alles, was es wußte, daß wir es nicht wagten, ihm die Wahrheit zu sagen ... Eine schwere Scham erfüllte mich. Das Leben wurde krank an falscher Freundlichkeit, geheuchelte Worte saßen wie Geschwüre an ihm und wurden zu einem Bazillus ... In wieviel Nächten dachte ich darüber nach, ob man nicht eine Operation vornehmen und vor dem Kind und aller Welt sagen solle, was war. Aber solche Operationen mußten tödlich ausgehen, und ich mußte erkennen, daß es mutiger war, das Leiden der Unwahrhaftigkeit weiter zu tragen mit der Aussicht, damit alles zu retten. Und so fühlte ich, wie in mir jenes unterwürfige Lächeln entstand und in den Blick der Augen trat, das die Juden auf ihrem jahrtausendelangen Weg durch das Leben fremder Völker begleitet hat.«

Die »kleine Inge« erinnert sich, im Gegensatz zu mir, noch genau an den Augenblick, in dem sie von den »Nürnberger Gesetzen« erfuhr; sie war mit ihrer Klasse im Schullandheim »Vogelkoje« auf Sylt:

»Eines Abends müssen wir uns auf Veranlassung der Heimleitung alle im Speisesaal versammeln. Aus dem ›Volksempfänger‹ tönte eine Nazigröße, ich glaub, es war Goebbels. Er verkündete die ›Nürnberger Gesetze‹. Ich höre: ›Zum Schutze des deutschen Blutes und der deutschen Ehre ...‹ Wir sind eigentlich alle unkonzentriert, möchten viel lieber was anderes machen. Meine Klassenlehrerin, Fräulein Riecke (sie lebt noch und war immer eine überzeugte Antifaschistin), wird immer nervöser, geht auf und ab – bleibt hinter meinem Stuhl stehen. Sie legt mir wie zufällig die Hand auf die Schulter, dann streicht sie mir flüchtig übers Haar. Ich bin etwas verwundert, denn ich habe gar nicht begriffen, was da verkündet wurde und was meine Zukunft, mein Leben so sehr verändern würde. Erklärt wird mir das erst zu Hause. – Bei der Rückkehr stehen meine Eltern am Bahnhof, und mein sonst immer fröhlicher und zu Scherzen aufgelegter Vater empfängt mich mit einem todtraurigen Gesicht.«

Auch in der Klasse der »kleinen Inge« waren BDM-Mädchen: »Nach der Sylter Reise begannen einige von ihnen Bemerkungen zu machen über meine *nichtarische* Abstammung. Als Fräulein Riecke davon hörte, bat sie mich, einen Moment den Raum zu verlassen. Dann hat sie der Klasse klargemacht, daß ich weder zu der einen noch zu der anderen ›Seite‹ gehöre und daß ich ›zwischen zwei Stühle‹ geraten sei; man dürfe mir nun nicht noch den Boden unter den Füßen wegreißen – habe sich fair und anständig zu verhalten. Ihre Überzeugungskraft hat auf meine Klassenkameradinnen gewirkt. Auch das Kollegium in unserer Schule war eindeutig gegen Hitler, und so konnte ich das letzte Jahr bis zur Mittleren Reife mit viel Freude und dem Gefühl der Geborgenheit, auch mit treuen Freundinnen, mit denen ich heute noch in Verbindung stehe, zu Ende bringen. Nur das Abitur ließ man mich nicht mehr machen; das wäre auch finanziell nicht mehr möglich gewesen, da mein Vater – er war Lederhändler, und keine *arische* Firma durfte mehr bei ihm kaufen – immer weniger Verdienstmöglichkeiten hatte.

Kurz vor der ›Mittleren-Reife-Prüfung‹ im April 1937 kamen hin und wieder Beauftragte des Oberschulamtes in den Unterricht. Eines Tages wurde so eine Vorprüfung in der Englischstunde abgehalten. Ich war in diesem Fach sehr gut und ›kam oft dran‹. Bei der anschließenden Lehrerbesprechung fragte der Beamte Fräulein Riecke, wer denn ›dieses Mädchen sei, dieser Prototyp der *arischen* Rasse‹? Das sei, sagte sie mit großem Vergnügen, die einzige *Halbjüdin* in ihrer Klasse.«

Inges um vier Jahre jüngere Schwester Uschi hatte es weniger gut: Schon nach zwei Gymnasiumsjahren in der Emilie-Wüstenfeld-Schule flog sie aus dem Institut; es sollte zu der Zeit *judenfrei* gemacht werden; und so war sie ohne Schulabschluß. Merkwürdigerweise hielt man sie aber für würdig, das Pflichtjahr bei einer *arischen* Familie absolvieren zu dürfen. Sie ging dann auf eine Private Handelsschule, bevor sie eine Stellung im Büro annahm. Auf Umwegen war auch sie also dort gelandet, wo wir mit unserer Mittleren Reife bestenfalls noch landen durften.

Ich ging seit 1927 in die Privatschule Ria Wirth am Mittelweg. Wir waren in der Obertertia, als Fräulein Angerstein unsere Klassenlehrerin wurde. Der Charakter des Unterrichtens in ihren beiden Fächern – Deutsch und Geschichte – änderte sich zwangsläufig mit der Vermittlung »nationalsozialistischen Gedankengutes«. Wir verehrten sie sehr, und ich war eher traurig als böse darüber, daß sie eine Hakenkreuznadel an der Bluse stecken hatte. Vielleicht war das ihr Schutz gegen mögliche offizielle Vorwürfe für ihre Bereitschaft, an einer so rassisch gemischten Schule zu unterrichten.

Meine Freude am Schreiben und an der Literatur bemerkend, brachte sie mir bei, daß die Würze in der Kürze liege, denn ich hatte mir auf die Länge meiner deutschen Aufsätze immer viel zugute gehalten. Die »gekonnte« Ausführlichkeit ließ sie mich bei Stifter entdecken, wir lasen ›Brigitta‹ und mir gab sie noch den ›Abdias‹.

Eines Tages fragte sie, warum ich nicht mal dabei sei, wenn es darum ginge, das »heutige Deutschland« näher kennenzulernen – im sogenannten nationalpolitischen Unterricht. »Du bist doch ebenso *Halbarierin* wie *Halbjüdin*, oder?« Also nahm ich einmal teil und hörte meine kluge und verehrte Lehrerin mit Schlagworten agieren. Glaubte sie, was sie da verzapfen mußte? Nun, wenn schon nicht beim täglichen und lächerlichen »Fahnenappell« auf dem kleinen Schulhof, so wenigstens hier konnte ich wegbleiben.

30. 7. 34: *Befreiung von nichtarischen Schülern von der Teilnahme am wöchentlichen Unterricht über »nationalsozialistisches Gedankengut« (»nationalpolitischer Unterricht«), der an Sonnabenden Schülern erteilt wird, die nicht der Hitlerjugend angehören. Die nichtarischen Schüler sind hiervon auf Wunsch zu befreien. (S. 87)*

Unsere Schulleiterin trat in die NS-Frauenschaft ein und begann, die *jüdischen* und *halbjüdischen* Schülerinnen mit einiger Distanz zu behandeln. Vielleicht war auch das eine Tarnung, denn niemals hat sie irgend jemanden von der Schule verwiesen. Natürlich brauchte sie die zahlenden Eltern. Aber ich habe ihr – und werde das nicht vergessen – ein Stipendium zu verdanken; denn in den letzten Jahren war für uns das erhebliche Schulgeld nicht mehr aufzubringen. Daß sie mich hin und wieder auf meine der Situation entsprechenden Verpflichtungen zu besonderer Leistung hinzuweisen beliebte und dabei wenig Gefühle für die Qual einer solchen kindlichen Abhängigkeit aufbrachte, war eine zweite Sache. Denn ich hatte, wie viele andere, ein Problem: Wie sollte man in der Schule konzentriert sein, wenn zu Hause alles so schlimm war?

Aber da war eine andere Lehrerin, Frau Elisabeth Flügge. Seit 1926 unterrichtete sie in unserer Schule Deutsch, Heimatkunde, Erdkunde, Rechnen, Botanik und Zoologie. Ihr nun war jeglicher Opportunismus fremd. Mit einem Mut, den wohl nur ihre Zeitgenossen zu beurteilen vermögen, sorgte sie sich nicht allein um die irritierten und verängstigten Schülerinnen, sondern auch um die so gefährdeten Eltern. Sie hat den Moment niemals vergessen können, als im Jahr 1933 eine Schülerin sie schüchtern fragte: »Dürfen *jüdische* Kinder auch sammeln?« Das war eine gute Frage angesichts der Scharen von Kindern mit und ohne Hitlerjugendkleidung, die mit Büchsen in der Hand die Straßen unsicher zu machen hatten, denn man sammelte damals für alles, bei allen und zu allen Zeiten: an den »Eintopfsonntagen« (was die Hausfrau an der verordneten Einfachheit sparte, sollte sie in eine Sammelbüchse stecken!), Winterhilfswerk, »Mutter und Kind« ... Auch die jüdischen Kinder wollten mitmachen, sie hatten noch nicht gelernt, isoliert zu sein.

Die Direktorin hatte der Frau Flügge ans Herz gelegt: »Machen Sie bei Ausflügen die Front möglichst blond.«

Als den Juden vielerlei Reisebeschränkungen auferlegt wurden – sie zum Beispiel keine Schlaf- und Speisewagen mehr benutzen durften, nur Dritter Klasse fahren und viele Ferienunterkünfte Juden nicht mehr aufnehmen wollten oder konnten –, mietete Frau Flügge in Ollsen in der Heide ein Zehn-Zimmer-Haus und fuhr in den Ferien mit ihren beiden eigenen und einem Dutzend jüdischer Kinder dorthin. Einmal war ich dabei. Jetzt schrieb mir meine Schulfreundin Ilse, ihre Nichte: »Wir badeten in der Aue, sammelten Bickbeeren, spielten Theater, es war eine schöne, unbeschwerte Zeit. Kannst Du Dich gar nicht mehr darauf besinnen?«

Meine Erinnerungen daran sind nur noch vage; alles, was damals zu Hause vor sich ging, schiebt sich vor das Unbeschwertere ...

Eines Tages erfuhr Frau Flügge durch einen jüdischen Anwalt, daß die Mutter einer ihrer Schülerinnen deportiert werden sollte. »Da bin ich zur Gestapo gegangen, mit zitternden Knien«, sagte sie bei einem Interview mit dem ›Hamburger Abendblatt‹. Der Gestapobeamte machte sie darauf aufmerksam, daß sie einen Beamten vor sich habe. Ihre Antwort: »Sie auch!« Und sie erlebte ein Wunder. Der Mann ihr gegenüber schüttete sein Herz aus: Er sagte, daß er sich stets bemüht habe, ehrlich seine Pflicht zu erfüllen. Und rief dann verzweifelt aus: »Nun muß ich für diesen Teufel die Todeslisten zusammenstellen.« Er hat Frau Flügges Schützling aus seiner Liste gestrichen, aber ein Kollege hat das später wieder in die linientreue Ordnung gebracht.

Den Ausreisewilligen konnte sie ebenfalls helfen, und zwar auf eine ganz besondere Weise: Sie veranlaßte die Freundin ihrer Tochter, Lady Oldfield in Cambridge, Nichte des früheren Premierministers Lord Balfour, *Affidavits* – das waren Dokumente über hohe Kautionen – für mittellose Juden bereitzuhalten, die man vielerorts anders nicht einwandern ließ. Wer eine solche Kaution erhielt, konnte sich als gerettet betrachten.

Schon lange hatte sich angekündigt, was dann so formuliert wurde:

24. 2. 39: Ablieferungspflicht für jüdische Juwelen und Schmuckgegenstände
Bei Übernahme und Verwertung der von Juden abzuliefernden Gegenstände aus Edelmetall, Edelsteinen und Perlen kommt eine Ablehnung des Angebots durch den Juden nicht mehr in Frage ... (S. 283)

Eine Pflicht zur Ablieferung von »Kostbarkeiten« aller Art aus jüdischem Besitz, auch Pelze und Kunstgegenstände (später Schreibmaschinen, Radios, Elektrogeräte – die Liste läßt sich fortführen), machte es den Auswanderern schwer, in fremden Ländern für sich selbst zu sorgen; denn Geld konnte man gar nicht mitnehmen. Frau Flügge begann – wie übrigens viele Deutsche in dieser Hinsicht Risiken auf sich nahmen –, dergleichen ins Ausland zu schmuggeln. Ein Freund half ihr. So wurde etwa Schmuck im Schornstein der »Monte Rosa«, einem deutschen Passagierschiff, versteckt, das nach Rio de Janeiro fuhr. Dort holten die Besitzer ihr Eigentum ab.

Frau Flügge hat auch hier ihr Leben riskiert.

Man würde sich's zu leicht machen mit der Frage: Warum gab es so wenig – oder jedenfalls viel zuwenig – Mut, den Verfolgten wirksamer zu helfen? Ich jedenfalls weiß von mir, daß ich niemals geschafft hätte, was die so jungen Widerstandskämpfer Sophie und Hans Scholl (»Die weiße Rose«) für unserer aller Freiheit zu tun versucht haben – und wofür sie 1943 so tapfer gestorben sind, daß sogar die Gefängnisbeamten und Scharfrichter das vermerkten.

Ich sage das, weil das Land Israel sich um Dankbarkeit bemüht hat: Es gibt im Gebirge um Jerusalem die »Allee der Gerechten«; dort steht auch für Elisabeth Flügge ein kleiner Johannisbaum; ein solcher Baum gehörte zur Verleihung von Medaille und Urkunde Yad Vashem, dieser höchsten israelischen Auszeichnung. Yad Vashem heißt auch die Gedenkstätte dort, nach Jesaja 56, Vers 5: »Ich werde ihnen in meinem Haus ein Denkmal stiften und einen Namen geben.« Dort liegen die vielen Millionen Mosaiksteine, einen für jeden der Ermordeten, eingeteilt nach Konzentrationslagern.

Elisabeth Flügge ist am 1. Februar 1983 in Hamburg gestorben.

Das krasse Gegenteil war unser Religionslehrer: ein flotter, gut aussehender Pastor aus einer nahen Gemeinde. Meine Leidenschaft zu Gedrucktem brachte mir seine Sympathie ein und das stolze Privileg, immer mal vorlesen zu dürfen.

Eines Tages merkte ich, daß er mich zu übersehen begann. Es dauerte nicht lange, bis ich begriff, was geschehen war: Er hatte erfahren, was für eine Art *Abkömmling* er da aus dem Neuen Testament hatte vorlesen lassen. In den Religionsunterricht bin ich nie wieder gegangen.

13. 3. 35: Sonderung der Kinder nichtarischer Abstammung an den Volksschulen
Die Errichtung besonderer jüdischer Volksschulen ist anzuregen. Der Erlaß eines entsprechenden Gesetzes ist in Vorbereitung. Zwecks Durchführung der Rassentrennung haben die Schulleitungen eine Statistik der Rassenzugehörigkeit der Schüler anzufertigen. (S. 108)

31. 8. 35: *Preise dürfen nichtarischen Schülern nicht verliehen werden. (S. 125)*

Im Gegensatz zur »kleinen Inge« und mir hatte mein Bruder Wolfgang in der Volksschule unter Behinderungen und Ungerechtigkeiten zu leiden. Er bekam keine Chance mehr, nach vier Jahren überzuwechseln auf eine Realschule. Er wurde 1937 kaufmännischer Lehrling; doch hat er es erreicht, noch neben der Lehrzeit in einer Privaten Abendschule nachträglich die Mittlere Reife zu schaffen. Das geschah als eine Art Selbstbestätigung gegen die Diskriminierung. (Vom 2. Juli 1942 an hätte er selbst dafür eine ministerielle Genehmigung gebraucht.)

Was wird aus mir?
(1937–1938)

4. 4. 34: Beschränkung des Besuchs der höheren Schulen
Die Beschränkungen der Aufnahme nichtarischer Schüler gelten nicht nur für die Hochschulen, sondern auch für höhere und Mittelschulen (auf Grund des Gesetzes gegen Überfüllung deutscher Schulen). Bei der Aufnahme von nichtarischen Schülern in diesen Schulen … sind solche Schüler zu bevorzugen, die nachgewiesen arischen Bluteinschlag haben … Kinder arischer Abstammung dürfen auf keinen Fall hinter solche nichtarischer Abstammung zurückgesetzt werden … (S. 76)

Trotz der auf dem Papier stehenden »beschränkten Möglichkeiten« durften wir zum Zeitpunkt meiner Schulentlassung von Realschulen schon nicht mehr auf Gymnasien übergehen. Damit waren uns Abitur und Studium verwehrt. Ältere Schicksalsgenossen konnten, wenn sie im April 1934 mit dem Studium fertig waren, gerade noch promovieren, meistens aber verlangte man von ihnen vorher den Nachweis, daß sie anschließend sofort das Land verlassen würden.

Mein Kindheitstraum, in die Fußstapfen des Vaters zu treten und Jura zu studieren, war also ausgeträumt; zudem war die Praxis kaum noch als solche zu bezeichnen. Zum Verzweifeltsein hatte man wenig Muße, denn es galt, bevor wieder irgendein neuer Erlaß aufkam, zu entscheiden, was unter den gegebenen Möglichkeiten zu tun sei. Ich wollte dann wenigstens einen Beruf haben, der mit dem Schreiben zusammenhing. Redakteurin, Journalistin?

Meine Schulleiterin schickte mich bereits im Winter 1936 mit einem sehr guten Deutsch-Zeugnis und einem Empfehlungsbrief an die Redaktion vom ›Hamburger Fremdenblatt‹. Nach einem erfreulichen Gespräch bot man mir einen Ausbildungsplatz an. Man gab mir einen Fragebogen, hochgestimmt setzte ich mich an ein Tischchen und – begriff.

Nichtarier durfte man nicht annehmen. Bisher hatte ich die »Nürnberger Gesetze« nur sozusagen theoretisch gekannt, nun war die Praxis da, schwarz auf weiß, böse und grausam.

Ich ging über den Rathausplatz, den man schon nach Deutschlands großem Führer benannt hatte. Was halfen die prachtvollen klassizistischen Arkaden an der »Kleinen Alster«, was half diese ganze schöne, geliebte Stadt an der Elbe, wenn man sich in ihr nicht mehr dazugehörig fühlen durfte ... Ich beneidete die fröhlichen Leute unten in der Barkasse, die vom Kehrwiederfleet zur Jungfernstiegbrücke tuckerte. An diesem Mittag fragte ich, zwischen Sentimentalität und Ernsthaftigkeit, was es denn eigentlich noch sollte, das Leben? Aber das war eine Frage, die ich mir dann niemals wieder gestellt habe. Über wieviel Widerstandskraft ich zwölf Jahre lang verfügt habe, immer mit dem Glücksgefühl, in Hamburg zu leben, begriff ich erst später – wie der Reiter, als er den zugefrorenen Bodensee hinter sich hatte. Denn niemals hatte ich jemand anders sein wollen – und nicht einmal *arisch*.

Der Tag der Schulentlassung, Ostern 1937, war gekommen; eine etwas aufgeregte Stunde mit einem dem Unterricht lauschenden Schulrat ging der Ansprache über den Schritt ins Leben und den traditionellen und liebevollen Darbietungen der Klasse, die nach uns die letzte sein würde, voraus. Dann ging es oben im Klassenzimmer ans Verabschieden.

Die Jüdinnen hatten meist schon die Schiffspassage in die Freiheit – nach angstvollen Zeiten übrigens. Ich erinnere mich an die Steffi, Tochter des Reeders Arnold Bernstein, die tagelang mit verweinten Augen in die Schule kam, weil der Vater verhaftet worden war. (In Arnold Zweigs dokumentarischem Roman ›Das Beil von Wandsbek‹ spielt die *Arisierung* der Hamburger Reedereien eine Rolle.)

Die *arischen* Mädchen waren fröhlich. Entweder würden sie auf weiterführende Schulen gehen, oder sie hatten eine Lehrstelle ihrer Wahl gefunden.

Für mich galt weder das eine noch das andere. Weder konnte ich auswandern noch durfte ich etwas lernen, das mich freute. Der Vater hatte eine Lehrstelle gefunden beim »Königlich-Ungarischen Regierungsrat« Patentanwalt Gustav Weber am Rathausmarkt 11. Aber schon der Begriff des kaufmännischen Lehrlings tat mir in den Ohren weh; diese Ausbildung war so ungefähr das letzte, was ich mir gewünscht hatte ... »Du liebe Zeit«, sagte Fräulein Angerstein, die noch mit ein paar Unentwegten zusammenhockte, »du liebe Zeit! Du siehst aus, als schikke man dich aufs Schafott, statt ins Leben.« Meine Antwort machte sie – und mich – betroffen: »Vielleicht ist es so«, hörte ich mich sagen, »oder sind Sie sicher, daß es nicht so ist?« Sie bekam einen gelinden Schrecken, es fuhr ihr wohl durch den Sinn, was es mit meiner Zukunft so auf sich haben könnte. »Du kannst jederzeit zu mir kommen«, sagte sie – und das habe ich getan.

Durch die große Schultür, durch die ich so oft in letzter Minute gesaust war, ging ich nun sehr langsam hinaus; ich hatte das Gefühl: noch nicht ... bitte noch nicht ... Draußen stand der Vater. Hier an diesem Mittelweg Nr. 90 hatten die Mutter und er mich vor zehn Jahren mit der Schultüte abgeholt. Es waren trotz allem schöne Jahre gewesen. »Komm«, sagte er, »wir gehen essen.«

Das Schild »Juden unerwünscht« an den Restaurants, Gaststätten und Cafés kannte nun wirklich jeder. Nur wenige Gaststätten hielten es durch, darauf zu verzichten. Zu ihnen gehörte das »Vegetarische Restaurant« über den Arkaden an der »Kleinen Alster«, dann ein Speiserestaurant an der Hoheluftbrücke neben der Hochbahnstation und, eine Zeitlang noch, Herrn Ferraris italienisches Restaurant am Alstertor. Als man ihm, dem Bürger eines Achsenstaates, das Anbringen jenes Schildes nachdrücklich nahelegte, ließ er uns in einem Hinterzimmer essen – was uns dann allerdings doch den Appetit verschlug.

An diesem Schulentlassungstag gingen wir ins »Vegetarische«. Alle Hinterbliebenen kennen die Träume, in denen man die Ermordeten sucht – oder in denen man freundliche Situationen noch einmal erlebt. Wenn ich von diesem Mittag träume, ist es ein freundlicher Traum.

Wir hatten einen Freund, den Musikstudenten Rainer Bujard. So jung er war, so gerüttelt voll war schon das Maß seines Schicksals. Er war *arische* Halbwaise, sein Gesangstudium bezahlte ein angesehener Hamburger jüdischer Arzt, der zum weiteren Bekanntenkreis unserer Eltern gehörte, Dr. Ascher. Rainer lebte als gerngesehener Pflegesohn bei des Doktors Tochter und ihren Kindern. Wenige Wochen vor diesem Abend, an dem er uns einlud, »den Schritt ins Leben« bei ihm zu feiern, hatte man ihn nach vielen Drangsalen – und was die Pflegemutter anging, die man überdies bedrohte, wirklich ekelhaften Verdächtigungen – dazu gebracht fortzuziehen. Er hatte eine Kellerwohnung gefunden, romantisch und feucht – dafür billig.

Nun lud er die »kleine Inge« und mich ein. »Wir müssen feiern, daß du erwachsen bist!« Ich fand, das sei »kein Ziel aufs innigste zu wünschen ...« Aber er wußte, wie ich zu trösten war: Er setzte sich ans Klavier und sang mit seinem imponierenden Baß den Falstaff, den er gerade üben sollte: »Als Bübchen klein ...«

Später tanzten wir. Damals tönte es aus allen Lautsprechern und also auch von unseren Platten: »Eine Nacht in Monte Carlo möcht ich träumen unter Palmen mit dir ...« Es gab nichts, was ich an jenem Abend für wünschenswerter gehalten habe, als unter Palmen zu sein, so fern wie möglich.

Der Rainer ist im Krieg gefallen.

Nach einem Lehrjahr hatte ich die »allgemeine Büroarbeit«, das Aktensortieren und die Portokasse gründlich satt. Der Königlich-Ungarische Regierungsrat war ein konservativer Herr; über Geld sprach man nicht (das hatte man – oder auch nicht), und mit dem damals üblichen Lehrlingsentgelt von monatlich fünfzehn Mark konnte sich – zumal bei den häuslichen Umständen – keine Berufsbegeisterung einstellen. Ich brach die Lehre ab.

Als sogenannte Anfängerin fand ich im Oktober 1938 Arbeit bei dem Handelsvertreter für »in- und ausländische Spirituosen«, Herrn Emil Todtmann, in der Benekkestraße. Das Büro war in der Wohnung, und ich hatte es überaus gut. Denn die Chefin liebte das Waffelbacken und ergänzte zudem durch ein gutes Frühstück die ziemlich unzureichende häusliche Kost. Beide waren menschlich, großzügig, hilfreich, und der Chef versuchte, tolerant zu bleiben gegen meine Schwächen in diesem ungeliebten Beruf. Zum Beispiel als er merkte, daß ich oft mit meinem eigenen Stenogramm nicht zurechtkam, durfte ich »normal« schreiben.

Im Herbst 1939, nach Kriegsausbruch, mußte er mich entlassen: Die Deutschen sollten nurmehr noch Deutsches trinken, es wurde kein »Veuve Cliquot« mehr eingeführt (man bekam ihn in Frankreich ja bald umsonst!) – nur noch die Vermouths vom Achsenfreund Italien, und damit wurde der Chef allein fertig.

Im Jahr 1954 hat dann Herr Todtmann an das Amt für Wiedergutmachung geschrieben: »Als sich Fräulein Hecht im Jahre 1938 bei mir vorstellte, habe ich erfahren, daß sie ihre Lehrzeit nach anderthalb Jahren hatte abbrechen müssen, um ihren Eltern finanziell zu helfen. Die Praxis des Vaters ging infolge der Ausnahmegesetze immer mehr zurück ... Ende 1938 kam der Vater ins KZ Oranienburg, seine Konsulentenpraxis wurde geschlossen. Danach ging es der Familie sehr schlecht. Ich habe mich daher ihrer vielfach angenommen.«

Nach dieser so freundlichen Atmosphäre wirkte die meiner nächsten Arbeitsstätte eisig: Bei einem Chef des »Eisenbetonbaus« in Altona gelang es mir nur mit Hilfe einer munteren schwedischen Kollegin, ein wenig durchzuhalten. Sie lehrte mich: »Tack så mycket, jag mår bra = Vielen Dank, mir geht's gut.« Ich habe ihr gegenüber diesen Ausspruch oft gebraucht.

Im Januar 1940 wurde ich Kontoristin in einer Buchdruckerei mitten in der Altstadt, am Hopfenmarkt. Der Chef Walter Prunst hat dann schwere Zeiten mit meiner Familie durchgehalten; es war der Sommer, in dem meine Eltern verhaftet und ins Gefängnis Fuhlsbüttel gebracht worden waren, nach Stationen im berüchtigten Stadthaus.

Nebenher habe ich eine Abendarbeit angenommen in einem nahegelegenen Vertrieb von chemisch-technischen Erzeugnissen; ich wollte etwas hinzuverdienen. Der Chef, Rolf Sommer, der mich sehr bald ganztags einstellte, hat sich in besonderer Weise der Verfolgten angenommen: Sein Sozius, Dr. Pschorr, lebte in einer *privilegierten Mischehe,* und sein Anwalt, Herbert Samuel – einst Referendar bei meinem Vater und nach Kriegsende Vizepräsident der Hamburger Bürgerschaft – war *Halbjude.* Tapfer hat sich Rolf Sommer mit dieser Haltung gegen seinen Naziprokuristen behauptet.

Mit meiner damaligen Kollegin Elly R. stehe ich heute noch in Verbindung. »Ich weiß noch genau«, schrieb sie, als sie von der Entstehung dieses Buches hörte, »wie Dein Vater ins Büro kam, schüchtern, gedrückt. Aber Du sagtest ihm, er solle vor mir keine Angst haben, ich sei trotz meiner Hakenkreuznadel nicht gefährlich. Ich habe das damals nicht verstanden. Hätte man mir erzählt, was ich heute weiß, ich hätte es für üble Hetze gehalten.«

Kristallnacht und »Lambeth-Walk« (1938)

10.11.38: Maßnahmen gegen Juden in der heutigen Nacht

Sofortige Vorbereitungen und Besprechungen in Anwesenheit der Kommandeure der Ordnungspolizei. Es dürfen nur solche Maßnahmen getroffen werden, die keine Gefährdung deutschen Lebens oder Eigentums mit sich bringen. (Synagogenbrände nur, wenn keine Brandgefahr für die Umgebung besteht); keine Zerstörung oder Plünderung jüdischer Wohnungen oder Geschäfte und Sicherung nichtjüdischer Geschäfte; keine Belästigung von Juden fremder Staatsangehörigkeit. Sofortige polizeiliche Beschlagnahme von Archivmaterial der jüdischen Kultusgemeinden. In allen Bezirken sind so viele Juden – insbesondere wohlhabende – festzunehmen, als in den vorhandenen Hafträumen untergebracht werden können. Nach der Festnahme ist unverzüglich mit dem zuständigen KZ wegen deren schnellster Unterbringung Verbindung aufzunehmen. Alle Staatspolizeistellen sind angewiesen, sich nicht mit Gegenmaßnahmen einzumischen. (S. 253)

Man begann, unsere Isolierung gut durchdacht voranzutreiben.

12.11.38: *Juden ist der Besuch von Theatern, Kinos, Konzerten, Ausstellungen usw. verboten. (S. 255)*

Das war infam. Sehr bald kam auch der Erlaß, daß die Radioapparate abzugeben seien. Mit Entschlossenheit und perfidem Raffinement schloß man die Verfolgten ein in ihr isolierendes Elend.

Der Vater und ich gingen gern miteinander ins Kino. Zum Beispiel ins »Waterloo« in der Dammtorstraße, wo bis 1939 amerikanische Filme Premiere hatten: ›San Francisco‹ oder ›Maytime‹, oder wir gingen in die Kulturfilme in der »Urania«. In beide Häuser wagten wir uns nach dem Erlaß nicht mehr. Ein Anwalt, der ein Büro am Jungfernstieg hatte (so klein es inzwischen auch war), konnte leicht erkannt werden.

Eines Tages war uns »so nach Traumfabrik« zumute. Anderthalb Stunden mal etwas anderes denken dürfen ... (Heute können sich die jüngeren Kritiker alter Filme leicht mokieren über unsere Heile-Welt-Träume!) Wir fuhren in ein enges Vorstadtkino nach Barmbek und fragten nach guten Plätzen, denn in den ersten Reihen konnte man sich wirklich die Genickstarre holen. Aber da alles besetzt war, blieb uns nichts anderes übrig. Plötzlich kam die Platzanweiserin, leuchtete die vorderen Reihen ab und winkte uns.

Mir blieb das Herz stehen, die Beine begannen zu zittern. Kaum kamen wir von unseren Plätzen hoch. Würden da nun zwei Herren in Ledermänteln stehen oder in brauner oder schwarzer Uniform? Hatte irgend jemand den Vater erkannt?

»Ich hab jetzt eine Loge frei«, sagte freundlich die aufmerksame Platzanweiserin. Sie konnte nicht ahnen, was sie angerichtet hatte. Man kann nicht sagen: Uns fiel ein Stein vom Herzen. Das wäre ein viel zu harmloser Ausdruck. Das Ins-Kino-Gehen aber war uns hinfort verleidet.

Die »kleine Inge« und ich mochten so gern tanzen. Wir waren siebzehn und sechzehn, und damals ging's nur mit elterlicher Erlaubnis; man war erst mit einundzwanzig Jahren mündig. Selten verstand sich die Mutter dazu, mit uns zum Tanztee zu gehen, ins Hotel Reichshof zum Beispiel, am Hauptbahnhof. Abgesehen davon, daß weder dafür noch gar für Tanzroben Geld übrig war, hatte sie auch andere Sorgen.

»Dann laßt uns doch um alles in der Welt allein gehen«, sagten wir, »wir müssen ja auch in anderen Dingen erwachsen sein.« Wir steckten uns hinter die Väter. Traurig stimmten sie uns bei. Sie sahen ein, daß unsere Jugend diese Bezeichnung sowieso nicht verdiente. Unbeschwert? Schon nahm uns keine Tanzschule mehr auf, kein Tennisclub, kein Sportverein.

Stolz gingen wir also im Sommer 1938 ins Orchideen-Café, in »Planten und Blomen« am Dammtorbahnhof; früher war hier ein kleiner Zoo gewesen, Ziel sonntäglicher Spaziergänge mit dem Vater. – Ich hatte das Geld für eine dunkelblau changierende Taftbluse mit Riesenpuffärmeln erübrigt – letzter Schrei; es bedurfte allerdings großer Überwindung, sie zum grauen Kostümrock zu tragen – aber ein passenderer war nicht erschwinglich.

Die Sonne schien, die Tanzfläche war hell und glänzend, den Laslo Kurusz und seine Tanzkapelle fanden wir »pfunds«.

Als das Menuett von Haydn ein wenig Ruhe in die Tanzrhythmen bringen sollte, setzte sich mein Tänzer, der Hans T., zu uns. Die »kleine Inge« und ich hatten eine Begabung entwickelt, uns aus der kleinsten Freude schnell ein paar Zauberstunden zu bereiten – und so wurde dieser Nachmittag (für die meisten wäre es ein ganz normaler Tanztee-Nachmittag, jederzeit wiederholbar, gewesen) eine Folge von Zauberstunden. Abends rief ich zu Hause an und fragte, ob ich noch fortbleiben dürfe. Ich erzählte vom Hans, sagte, daß er gesetzteren Alters und »sehr seriös« sei und daß er mir noch »Tante Clara« zeigen wollte. So hieß ein lustiger Keller am Raboisen, der dem Weinhändler Benthin gehörte. Seine korpulente und vergnügte Frau spielte Bänkelsängerin. Man saß auf Hockern an kleinen Fäßchen-Tischen und hörte fasziniert der Tante Clara zu, die mit einem langen Stock auf die putzigen Illustrationen einer bemalten Leinwand zeigte und sie, begleitet von einem Schifferklavier, besang. »Mr. Jim aus Usambara, der kam zu Tante Clara ...« Den Refrain sangen alle mit. Über uns schaukelten im blauen Dunst vieler Tabakspfeifen getrocknete oder nachgebildete Fische und kleine und große geschnitzte Schiffe. Das junge Mädchen aus Harvestehude hatte so was noch nie erlebt.

Auf dem Heimweg hielt der Hans – er war sechzehn Jahre älter als ich – eine wohlgesetzte Rede: daß derart Betagte sehr schnell beurteilen könnten, wer zu wem passe; daß er im heiratsfähigen Alter und heiratswillig sei und daß wir uns unbedingt näher kennenlernen müßten.

Wie mit einem Paukenschlag hatte er mich in die glücklose Welt zurückgeholt. »Ich bin aussätzig«, sagte ich. Hans hielt mich für betrunken. Ich aber mußte ihm beibringen, was ein *Mischling ersten Grades* sei.

Wehret den Anfängen. Wir beschlossen, uns nicht wiederzusehen. Es war schlimm, zum ersten Mal sehr schlimm.

Eines Mittags rief der Hans dennoch an, beim Königlich-Ungarischen Regierungsrat im Büro. »Ich hatte im Stadthaus zu tun, bei der Gestapo«, sagte er. Er war Innenarchitekt. »Ich habe nach den Möglichkeiten einer Heiratsgenehmigung gefragt. Du hast mir doch gesagt, so was gibt es.« »Um Gottes willen«, sagte ich und bekam beinahe kein Wort weiter heraus, »nur auf dem Papier. Bring' doch die Irren nicht erst auf den Gedanken, uns ins Visier zu nehmen.« »Die nicht«, sagte Hans, »sie haben mir nur freundschaftlich abgeraten.« »Nicht möglich! Du riskierst, die Städtischen Aufträge zu verlieren.« – Die Städtischen Aufträge hatte schon sein Vater bekommen, sie waren in der Familie Tradition.

Er riskierte noch viel mehr. Denn eines Tages, es war fast ein Jahr nach unserer ersten und bis dahin einzigen Begegnung, trafen wir uns zufällig auf der Straße. »Es gibt keine Zufälle«, sagte Hans, »es gibt nur Schicksale.« Er nahm mich mit in ein Tanzlokal Ecke Lehmweg und Eppendorfer Weg. Vor dem Eingang brannte ein rotes Lämpchen. So harmlos es dort zuging, so wenig hätte es meinen Eltern konveniert – wozu damals nicht viel gehörte. »Halbmond« hieß es.

Wir redeten nicht über uns, wir tanzten. Auf dem Heimweg hing – wirklich! – über uns der Mond. »Wir bleiben zusammen«, sagte Hans, »und wenn wir miteinander zugrunde gehen.« Ich war siebzehn Jahre alt. Zweieinhalb Jahre später kam unsere Tochter Barbara auf die Welt. Da war Hans schon Soldat.

Im Juni 1938 ließen die »kleine Inge« und ich uns taufen. Es war eine Vorsichtsmaßnahme, für die der Mann von Muttis bester Schul- und Jugendfreundin, Pastor Walter Schmidt in Bremen, vollstes Verständnis hatte. Wenigstens auf dem Papier – und auf den ersten Blick – schwebten wir nicht mehr für jeden gleich sichtbar im gefährdenden Vakuum – was freilich an unserer verwerflichen Blutmischung nichts änderte.

Im November 1938 war ich in Berlin bei meiner Freundin Manon und ihrem Gefährten Umbo, dem Photographen. Ich besuchte auch meine Tante Alice, die in einem jüdischen Altersheim als Pflegerin arbeitete; dort ging es schon über die Maßen erbärmlich zu. Am Abend des 10. November hatte sie mich in ein Restaurant zum Essen eingeladen, denn im Heim wirkte auf mich alles geradezu tödlich bedrückend, und ich hätte keinen Bissen herunterbekommen; die alten, einst wohlhabenden Leute, nun aus ihren Häusern und Wohnungen verjagt, ausgeraubt und elend, warteten – ohne genau zu wissen, auf was – in fast dumpfer Ergebenheit.

Plötzlich am Eingang des Restaurants Lärm. Uniformierte Nazis stampften in die freundliche Stille – und sie veränderten in diesem Augenblick für immer unser Bewußtsein und unser Leben: Denn zum ersten Mal habe ich an jenem Abend die böse Gewalt gesehen. Die *nichtarischen* Gäste wurden hinausgetrieben. Sie waren so erschrocken, daß alles totenstill blieb. Man hörte nichts außer ihren Schritten, und nur eine Frau sah ich in Tränen ausbrechen.

Meine Tante blieb ganz ruhig. Einer der Uniformierten kam an unseren Tisch. »Ich habe ein steifes Bein und meine christliche Nichte hat mich begleitet.« – »Ausweise!« Ich kramte zitternd die Kennkarte aus der Tasche.

»Keine *Jüdin?*« »Ich lebe bei meiner Mutter, sie ist der *arische* Teil einer *privilegierten Mischehe*«, sagte ich. Wie gut mir die idiotischen Wortschöpfungen über die Lippen kamen ... »Sie sind Pflegerin im Altersheim?« wurde meine Tante gefragt. Wir bekamen die Ausweise zurück und die Leute gingen. »Vermutlich«, sagte Tante Alice, »verdanke ich dir für dieses Mal meine Freiheit.« Draußen hatte ein Lastwagen gestanden, der gleich darauf anfuhr. Ich konnte nicht weiteressen. Aber meine praktische Tante sagte: »Iß auf. Wenn du bei so was schon anfängst, appetitlos zu werden ... Weißt du, es beginnt ja erst alles!«

Die ganze Nacht über redeten Manon und ich miteinander. Wir waren zu nervös, um zu schlafen. Sie konnte – nach ihrer Scheidung – als *Halbjüdin* ihren *arischen* Freund nicht heiraten, wollte aber versuchen, sich auf irgendeiner kleinen Ostseeinsel, wo der Dorfbürgermeister vielleicht nicht darauf kommen würde, die *Ariernachweise* zu verlangen, dennoch trauen zu lassen. Übrigens: Ihr ist das nicht gelungen, aber einer anderen Freundin von mir, der Ingrid L. Zwar war eine solchermaßen geschlossene Ehe ja nichtig, aber das konnten nun die lieben Nachbarn wiederum nicht wissen, und so hielten sie Ingrids kleinen Sohn Kai für ehelich; das war zu der Zeit noch nicht so unwichtig. Der tapfere *arische* Vater war damals auf Walfang (ein Job, mit dem sich schnell Geld verdienen ließ) und damit aus dem Blickfeld der Gesetzeshüter ... Bis zum Kriegsausbruch vergaßen sie ihn. Später aber ist er gefallen.

Am nächsten Morgen fuhr ich nach Hamburg zurück. Die vorangegangenen Stunden würden in die Geschichte eingehen als *Reichskristallnacht.* Und wie »spontan« die von den Nazis vielzitierte »Volkswut« war, läßt sich aus den Erlassen ablesen, die absonderlich schnell zur Hand waren:

12.11.38: VO zur Wiederherstellung des Straßenbildes bei jüdischen Gewerbebetrieben

§ 1: *Alle Schäden, welche durch die Empörung des Volkes über die Hetze des internationalen Judentums gegen das nationalsozialistische Deutschland am 8., 9. und 10. November 1938 an jüdischen Gewerbebetrieben und Wohnungen entstanden sind, sind von dem jüdischen Inhaber oder jüdischen Gewerbebetreibenden sofort zu beseitigen.*

§ 2: *Die Kosten der Wiederherstellung trägt der Inhaber der betroffenen jüdischen Gewerbebetriebe und Wohnungen. Versicherungsansprüche von Juden deutscher Staatsangehörigkeit werden zugunsten des Reiches beschlagnahmt. (S. 254)*

In Paris war am 7. November der Sekretär der deutschen Botschaft, Ernst Eduard vom Rath, einem Attentat durch Herschel Grynszpan zum Opfer gefallen. Merkwürdig genug: Unsere Behörden müssen das vorher gewußt haben.

Dieser Mord wurde zum schlimmsten Fanal in der Geschichte unseres Landes, das Alibi für alles, was nun begann, und was jeder, der Hitlers ›Mein Kampf‹ gelesen hatte, hätte wissen können: Es führte zur *Endlösung*.

Die Erlasse, die von diesem Moment an bis 1945 herauskamen, waren ein Mosaik von perfiden Stufen einer Demontage der Menschenwürde und des Lebens. In seiner Einführung zur Sammlung ›Das Sonderrecht für die Juden im NS-Staat‹ sagt Robert Kempner:

»Man hat ihnen die Berufe genommen, das Besitztum gestohlen, sie durften nicht erben oder vererben, sie durften nicht auf Parkbänken sitzen oder einen Kanarienvogel halten, keine öffentlichen Verkehrsmittel benutzen [bzw. nur sehr beschränkt – Anm. d. Verf.], keine Restaurants, keine Konzerte, keine Theater oder Kinos besuchen, für sie galten bestimmte Rassengesetze, ihnen wurden sämtliche staatsbürgerlichen Rechte entzogen, die Freizügigkeit wurde ihnen genommen, ihre Menschenrechte und ihre Menschenwürde wurden in den Staub getreten, bis sie in Konzentrationslager deportiert wurden und in die Gaskammern kamen ...«

Das alles, von unendlich grausamen Details begleitet, begann an diesem 10. November 1938.

10.11.38: *Unter Bezug auf den Befehl des CdSiPo [Chef der Sicherheitspolizei] von heute Nacht teile ich mit, daß die KL Dachau, Buchenwald und Sachsenhausen [Oranienburg – Anm. d. Verf.] in der Lage sind, je 10000 Häftlinge aufzunehmen. (S. 253)*

10.11.38: *Juden, die Waffen in ihrem Besitz haben, sind auf 20 Jahre in Schutzhaft zu nehmen. (S. 253)*

Am 11. November hatte mein Bruder Geburtstag. Der Kaffeetisch war gedeckt, fünfzehn Kerzen brannten. Wir haben vergeblich auf unseren Vater gewartet. Aus der Straßenbahn hatte man ihn herausgeholt und in das KZ Oranienburg-Sachsenhausen bei Berlin gebracht.

Ich habe damals aufgeschrieben, was geschehen ist, nachdem mein Vater im Dezember 1938 zurückgekommen war. Die Zeitschrift ›Umschau‹ hat diese Erinnerungen 1947 abgedruckt – es war meine erste Veröffentlichung. Damals war alles noch sehr frisch, es fiel mir noch zu schwer, Distanz zum Geschehenen aufzubringen.

»Eines Tages kam eine rotumränderte Karte. Absender: Schutzhaftgefangener Felix Hecht. Häftlingsnummer ... Dann: Konzentrationslager Oranienburg bei Berlin. Kurz vor Weihnachten wurde er entlassen:

12.12.38: *Alle jüdischen Schutzhäftlinge, die über 50 Jahre alt sind, sind zu entlassen. Die Freigelassenen haben sich sofort bei den Polizeibehörden zu melden. (S. 266)*

Er kam, kahlgeschoren, gebückt, schmal. Ein müder Mann mit müden Augen. Und er fror, fror, fror. Er hatte die Kälte in seinem Körper gespeichert, beim Steineklopfen im Freien, bei *vorschriftsmäßig* dünner Kleidung im eisigen Novemberwind. Wer sich heimlich wärmendes Zeitungspapier unters Hemd geschmuggelt hatte, wurde halbtot geschlagen. – An jenem Entlassungstag im Dezember 1938 hatte man ihm und allen anderen angedeutet, daß, wer irgend etwas über diese Zeit erzählen würde draußen, mit Konsequenzen zu rechnen habe ... Aber wir wollten, daß er redete, wir brauchten unser Stillschweigen nicht zu versprechen! Und es mußte heraus. Mit leiser Stimme, unterbrochen von dem dumpfen Husten, den er lange nicht mehr losgeworden ist, erzählte er Ungeheuerliches. Wenn es nicht unser eigener Vater, Doktor der Rechte und bei klarem Verstand, gewesen wäre, hätten wir das alles nicht geglaubt.

Und doch sollten wir, ohne uns etwas anmerken zu lassen, wieder in den Alltag zurück, so sein wie immer! Zu sprechen wagte ich nur bei Todtmanns. Die Chefin packte mir ein großes Lebensmittelpaket für den Vater und sagte – und es war ihre vollste Überzeugung: ›Der Führer weiß das nicht.‹«

Wir *Abkömmlinge* begannen uns an die Angst zu gewöhnen. Manchmal nahmen uns die *arischen* Freunde mit in ihren relativ unbeschwerten Alltag. Wie gut ging es uns doch, da wir, im Gegensatz zu den jüdischen Freunden und Verwandten, Gelegenheit hatten, uns abzulenken in heiterer Atmosphäre. Aber wir mußten auch damit fertig werden, daß wir's besser hatten! Die Leidenden gönnten es uns. Aber wir selbst gönnten es uns nicht immer.

Im Sommer 1938 war aus London der Modetanz »Lambeth-Walk« über den Kanal gekommen. »Any evening, any day.« Im Café Vaterland wurde er zur »teatime« gelehrt, auf einer kleinen, runden Tanzfläche. Der Tanz war lustig und harmlos und sehr melodiös. An einem solchen Nachmittag hopsten Hans und ich vergnügt mit und klatschten im Takt wie vorgeschrieben in die Hände. Verspielte Stunden.

Aber immer kam das »Hinterher«. »Vielleicht«, sagte ich, als wir heimgingen, »bleibt das eine unserer lustigsten Erinnerungen!« Es war eine ahnungsvolle Bemerkung.

Der Tanz übrigens wurde natürlich bei Kriegsausbruch verboten. Erst seit 1980 höre ich ihn wieder – mit wehmütigem Vergnügen. »You will find yourself, doing the Lambeth-Walk.« Es beginnen so viele Erinnerungen zu tanzen ...

Im ersten Kriegsjahr (1939)

17.10.39: *Wenn Juden und Deutschblütige in einem Hause wohnen, werden die Juden, falls die Deutschen [sic!] die Mehrheit der Bewohner des Hauses bilden, nicht an den Luftschutzübungen beteiligt. Im umgekehrten Falle haben die Juden allein die Übungen durchzuführen. (S. 306)*

Bevor der gelbe Stern »erfunden« wurde, den jeder Jude tragen mußte, hatte man sich etwas anderes einfallen lassen:

17. 8. 38: *Juden, die keinen Vornamen führen, der in dem vom Innenministerium am 18. 8. 38 herausgegebenen Runderlaß als jüdischer Vorname angeführt ist, haben vom 1. 1. 39 ab als weiteren Vornamen den Namen »Israel« (für männliche Personen) oder »Sara« (für weibliche Personen) anzunehmen. (S. 237)*

Da mein Vater nicht Isaak, Isidor oder Mosche hieß, sondern Felix – der Glückliche! –, bekam auch er eine neue Geburtsurkunde vom Standesamt 3a in Hamburg, Colonnaden 3, mit dem Vermerk: »Das vorbezeichnete Kind hat den zusätzlichen Namen ›Israel‹ angenommen.«.

So einfach war das. Hinfort konnte jeder, der die Kennkarte verlangte, gleich wissen, wes Rasse Kind er da vor sich hatte. Bald kam dann ja auch das gestempelte »J« in den Paß; kein Mensch jüdischen Glaubens konnte mehr unerkannt ausreisen.

Am 28. Januar 1939 bekam der Vater von der Gestapo ein Schreiben, mit dem ihm die Zulassung zu den Hamburger Gerichten entzogen wurde.

27.9.38: *Juden ist der Beruf des Rechtsanwalts verschlossen. Soweit Juden noch Rechtsanwälte sind, scheiden sie am 30. 11. 38 (oder in gewissen Fällen etwas später) aus der Rechtsanwaltschaft aus. Zur rechtlichen Beratung und Vertretung von Juden läßt die Justizverwaltung jüdische Konsulenten zu. Frontkämpfern unter den ausscheidenden Rechtsanwälten können bei Bedürftigkeit aus den Einnahmen der jüdischen Konsulenten widerrufliche Unterhaltszuschüsse gewährt werden. Den Konsulenten verbleibt als Vergütung ein Anteil an ihren Gebühren. (S. 242)*

Da es nachgerade auch keine wohlhabenden jüdischen Klienten mehr gab, gab es auch keine Einnahmen mehr. Deshalb traf auf meinen Vater der Erlaß von 1938 zu, nach dem er eine Unterstützung beantragen konnte. Das war eine lange und demütigende Prozedur. Ich habe ein Schreiben der Rechtsanwaltskammer in Berlin vom November 1941 gefunden, in dem dem Vater monatlich RM 170 zugewiesen wurden mit dem Hinweis, daß er mit weiteren Kürzungen zu rechnen habe. Die Summe stehe ihm ohnehin nur zu, weil er zwei unmündige Kinder habe.

Auch damals war's oft der Ton, der die Musik machte – und aus den Mitteilungen der Kollegen, die allenthalben die Klienten und damit die Einkünfte der jüdischen Anwälte übernommen hatten, ging nicht das geringste Bedauern hervor, klang nicht die geringste Scham mit. Man war kühl.

Mein Einkommen als Kontoristin reichte, wenn ich einen erlaubten Anteil für mich behielt, gerade für die monatliche Stromrechnung. Also bekamen wir einen Zuschuß von der »Wohlfahrt«, die damals noch nicht, wie heute die Sozialhilfe, ein Rechtsanspruch war. Die Mutter mußte in einer fürchterlichen Nähstube fernab von unserer Wohnung die klägliche Unterstützung abarbeiten. (Natürlich war es ein Glück, daß es so was überhaupt gab.) Zwischendurch bemühte sie sich, als Putzfrau bei einer Arztfamilie in der Nachbarschaft etwas dazuzuverdienen – wobei die sonst recht schwierige Dame des Hauses der Mutter ihre Unfähigkeit, vorschriftsmäßig mit Eimer und Schrubber, mit Parkett und Kacheln umzugehen, nachsah. Sie gehörte wenigstens zu jenen, die sich im stillen ihre Gedanken machte über unser Schicksal.

Unser Hausgenosse Ali nahm mich eines Abends mit zum Schwanenwiek zu seinem Freund Hans Wolffheim. In einem kleinen Dachzimmer mit Blick über die Alster saß er zwischen Unmengen von Büchern.

»Paß auf«, sagte Ali, »das ist der klügste Mann, den ich kenne. Der ist so gemischt wie du.« Der kluge *Mischling ersten Grades* sagte: »Habe nun, ach, Philosophie, Germanistik, Anglistik und leider auch Psychologie studiert ...« »Und sitzt«, sagte Ali, »nun da als armer Tor.«

»Tor doch wohl nicht«, fand ich, mich umsehend. Dr. Wolffheim hatte 1933 gerade noch promovieren dürfen, wurde aber nach den »Nürnberger Gesetzen« nicht mehr an der Universität eingestellt. Ihm blieben nur »untergeordnete Arbeiten«. Den Tag verbrachte er als Arbeiter in einer Textilfabrik und erst 1946 wurde er Dozent, später Professor für Neuere Deutsche Literatur in Hamburg.

Mein literarisches Interesse machte ihm Spaß. Stundenlang las er uns vor: Thomas Mann, der seit 1933 in der Emigration lebte; Karl Wolfskehl, der 1938 in Italien gelebt und von dort vor den Faschisten nach Neuseeland geflohen war (später würde Wolffheim die »Arbeitsstelle für Exilliteratur« an der Hamburger Universität einrichten). Er gehörte fortan zu unserem Freundeskreis, und hin und wieder beschaffte er den »gesprächsfreundlichen« echten Schwarztee, der immer knapper wurde. Tee aber war für mich eine Art Lebenselixier.

Der Kriegsausbruch am 1. September 1939 hatte für die Verfolgten unvorstellbare Konflikte mit sich gebracht: Waren doch Hitlerdeutschlands »Feinde« unsere potentiellen Befreier. Jede fallende Bombe brachte uns dieser Befreiung näher, jede fallende Bombe traf aber auch uns, unsere Freunde, unsere Nachbarn – die Menschen, zu denen wir bis 1933 gehört hatten.

(Als ich nach 1946 den aus Theresienstadt zurückgekehrten Oberrabbiner der Israelitischen Gemeinde in Freiburg aufsuchte, um möglicherweise etwas über meinen Vater zu erfahren, fragte er mich, wie lange ich schon von Hamburg fort sei. »Seit dem *Terrorangriff* im Juli 1943«, sagte ich; das Wort kam mir leicht über die Lippen, es war auch in unseren Wortschatz eingegangen ... Der alte Herr bekam nahezu einen Wutanfall! In seinen Augen konnte man verständliche Reaktionen auf deutsche Aggressionen nicht als Terror bezeichnen.)

1. 9. 39: *Die örtlichen Polizeistellen verbieten den Juden, nach 8 Uhr (im Sommer nach 9 Uhr) abends auf die Straße zu gehen (sich außerhalb ihrer Wohnungen aufzuhalten). (S. 303)*

Auch mein *privilegierter* Vater hatte sich tunlichst daran zu halten. Nach dem »Warum« von Erlassen fragte bei uns schon lange niemand mehr – wohl aber außerhalb Deutschlands. Und so wurde am 15. 9. 1939 eine »vertrauliche Anweisung« an die deutsche Presse gegeben: »Ausländische Blätter haben behauptet, daß die Juden in Deutschland nach 8 Uhr abends nicht mehr auf die Straße gehen dürften. Das ist richtig. Alle Ortsbehörden im Reich haben eine derartige Anordnung getroffen, mit der Begründung, daß es häufiger vorgekommen sei, daß Juden die Verdunklung benutzt hätten, um arische Frauen zu belästigen.« (S. 305)

20. 9. 39: *Juden deutscher Staatsangehörigkeit und staatenlosen Juden wird der Besitz von Rundfunkempfängern verboten. Das Verbot gilt auch für Arier, die in jüdischen Häusern leben, und für Mischlinge.*
Sonderanweisungen gelten für Mischehen. (S. 305)

Da wir unter dem Schutz der *arischen* Mutter lebten, konnten wir Radio hören, soviel wir vertrugen. Wann immer wir Musik hörten, ein Konzert, einen Vortrag, bekamen wir jeweils ein Stückchen Schuldgefühl mehr – darüber, daß wir's besser hatten als unsere Nächsten.

»Rassenschande« und Auswanderungspläne (1940)

18. 9. 35: *Personen, die in Fälle von Rassenschande verwickelt sind, sind in Schutzhaft zu nehmen. (S. 131)*

26. 9. 35: *Es wird davor gewarnt, in Fällen von »rassenschänderischem Treiben« in der Zeit vor dem Erlaß der neuen Judengesetze strenge Maßregeln zu ergreifen, außer bei besonders brutalen Verführungen oder Schändungen.*
Bei Verstößen nach Verkündung der neuen Judengesetze ist unnachsichtlich einzuschreiten. (S. 132)

Einige Wochen vor Ostern 1940 geschah auch bei uns, was anderwärts schon so oft geschehen war – der Gedanke an das: wann auch wir? hatte ohnehin wie ein Alptraum auf unserem Leben gelastet ... Ich zitiere meine Schilderung an das Amt für Wiedergutmachung in Hamburg vom September 1961, als es um eine (nicht zustandegekommene) Entschädigung ging:

»Meine Mutter wurde einige Wochen vor Ostern wegen angeblicher *Rassenschande* mit ihrem geschiedenen Mann, meinem Vater, verhaftet und ins Stadthaus gebracht. Mein Vater hatte auch nach der Scheidung noch fünf Jahre bei uns gelebt und uns später regelmäßig besucht. Er wurde ebenfalls verhaftet. –

Am späten Abend kam meine Mutter nach Hause zurück und verlor beim Betreten der Wohnung das Bewußtsein. Wir trugen sie auf ihr Bett, und als sie wieder zu sich gekommen war, bat sie unseren Hausgenossen Ali um Rat: Man hatte ihr unter unwürdigsten Umständen und Drohungen das Geständnis einer begangenen *Rassenschande* abgepreßt. Dieses Geständnis nun wünschte sie sofort schriftlich zu widerrufen. Zu uns kam der Rechtsanwalt Dr. Harms und nahm diesen Widerruf auf. Die Gestapo reagierte mit einer erneuten telefonischen Vorladung, wiewohl die Mutter eigentlich noch bettlägerig war: Die ›Schutzhaftgefangene Sillich‹ – wie sie sich hinfort in der Zelle strammstehend zu melden hatte – kam erst drei Wochen später, am Gründonnerstag, zu uns zurück. Am gleichen Tage wurde auch mein Vater entlassen.

Ich selbst bin durch die Vermittlung von Dr. Harms einmal im Stadthaus gewesen. Man ist mir zwar in der

Tonart äußerst zynisch begegnet, hat mir aber doch mitgeteilt, daß ich Kleidungsstücke in der Haftanstalt Hamburg-Fuhlsbüttel abgeben könne. Nach ihrer Entlassung berichtete meine Mutter, daß sie sich schriftlich habe verpflichten müssen, meinen Vater niemals wiederzusehen, und überdies dafür verantwortlich sei, daß mein Bruder und ich keine *arischen* Partner hätten. Man würde sie, die Mutter, sonst sofort wieder verhaften.

Ob dergleichen Äußerungen nun ernst zu nehmen waren oder nicht, entzieht sich unserer Kenntnis. Sicher ist, daß meine Mutter von dieser Zeit an bis zum 23. April 1945, dem Tag unserer Befreiung in Staufen/Breisgau, aus einer furchtbaren Angst nicht wieder herausgekommen und seither in ständiger ärztlicher Behandlung gewesen ist.«

Diese sachliche Schilderung kann nicht wiedergeben, wie wir alle diese Wochen erlebt haben. Ohne den Freund Ali und ohne den sich ständig um die Entlassung der Eltern bemühenden Anwalt hätten wir diese Zeit kaum durchgestanden. Denn man ließ keine Nachricht über sie zu uns durchdringen ...

Anfangs habe ich die Welt geschildert, in der die Mutter aufgewachsen ist. In diesen drei Haftwochen (über die ich nichts berichten will) ist es ihr vorgekommen, als sei diese Art von Kindheit nur ein Traum gewesen. Die beiden Welten paßten nicht zusammen.

»Am ersten Tag«, sagte sie, »habe ich zum ersten Mal so ... Mädchen ... getroffen, so ...« – »Hürlein?«

Sie war froh, daß ich ihr den Ausdruck abnahm; er war bisher weder in ihren Lebenskreis noch über ihre Lippen gekommen, sowenig wie die Mädchen selbst.

»Sie kannten sich dort aus, waren so lieb und lachten ein bißchen über meine Unbeholfenheit und Angst. Aber sie waren auch nicht aus politischen Gründen eingesperrt und ahnten nicht, was das bedeutete. Sie haben mir Zigaretten gedreht, aus Kippen!« Als wir schaudernd lachen mußten, sagte sie: »Ihr glaubt gar nicht, wie schnell man sich an alles gewöhnt, was nur nach einer menschlichen Geste in dieser unmenschlichen Umgebung aussah ...«

Aber was war eigentlich vorher geschehen?

April 42: *Den Juden ist der Besuch von Ariern und in Mischehe lebenden Personen in deren Wohnungen verboten. (S. 369)*

Dieses Gesetz wurde schon sehr viel früher und auch ungeschrieben gehandhabt; wer aber konnte je auf den Gedanken kommen, daß die »Nürnberger Gesetze« in dieser Weise auch für ein geschiedenes Ehepaar, das zwei *Abkömmlinge* miteinander hatte, gelten könnten? Nun wußten wir es.

Unsere Wohnung in der Hansastraße war verhängnisvoll eingeteilt: Früher als herrschaftliche Etage weiträumig geplant, wurde sie später von den Hausbesitzern geteilt, und die beiden Wohneinheiten wurden durch eine abschließbare Eingangstür getrennt. Wer zu uns wollte, mußte zwangsläufig den vorderen Teil durchqueren. Dieser vordere Teil nun war von einem privaten kleinen Altersheim gemietet, und diese Damen, alle in der NS-Frauenschaft, hatten meine Eltern angezeigt!

Uns blieb nichts anderes übrig, als weiterhin die Wohnung mit ihnen zu teilen. Der Vater allerdings mußte fortan diesem *arischen* Dunstkreis fernbleiben – und war damit vom Familientisch verbannt.

Das weiland Fräulein von Sillich, das einst zum plötzlichen Tod ihres Papas einen Kondolenzbrief des Herzogs von Meiningen ehrfürchtig in eine Schatulle legen durfte;

das einer militärischen Beerdigung mit Salutschüssen beigewohnt hatte – kurz: das in Kaisertreu und Redlichkeit erzogen worden war –, hatte sich einige Dinge durchaus nicht vorzustellen vermocht: zum Beispiel, je ein Gefängnis von innen zu erleben.

Auch der ehemalige Vizewachtmeister bei den Schweren Reitern des Kürassierregiments Seydlitz Nr. 7 in Halberstadt, Felix Hecht, hatte sich trotz einiger Lebens- und Weltkenntnisse bis zur *Reichskristallnacht* nicht dazu durchringen können zu begreifen, daß seine Teilnahme am Ersten Weltkrieg als Frontkämpfer mit Eisernem Kreuz Zweiter Klasse (eine höhere Auszeichnung bekamen die israelitischen Kameraden nun einmal kaum!), ihn nicht vor Bedrohlichem zu schützen vermochte.

Eines Tages im Sommer 1940 bekam ich die Aufforderung, mich bei einem Amtsarzt einzufinden: Man wollte mich zum »Pflichtjahr« einziehen, das für deutsche Mädchen obligatorisch war, sofern sie nicht noch in die Schule oder in eine Lehre gingen. Sie mußten meist in der Landwirtschaft helfen oder in kinderreichen Familien. »Du liebe Zeit«, sagte ich am Schwanenwiek zum Doktor, »das hat mir gerade noch gefehlt.« Nach allem, was man uns antat, sollten wir auch noch diesen »Ehrendienst« am deutschen Volk leisten?

Wolffheim kam am selben Abend mit einem Päckchen Tee. »Trinken Sie nur vor der Musterung«, sagte er leicht amüsiert, denn die Vorstellung, mich Stadtkind mit Hakke und Spaten zu sehen, brachte ihn zum Lachen. »Bei unserer Tee-Entwöhnung stellt sich bestimmt ein förderliches Herzklopfen ein.«

Ich trank also viel Tee – ich habe das köstliche Getränk selten mit so wenig Spaß genossen! – und ging zur Meldestelle. Lauter deutsche Mädchen. Die meisten waren lustig, und wer möglicherweise heimlich »dagegen« war, zeigte es natürlich nicht. Mir gegenüber verhielt sich der Arzt auf eine distanzierte Weise verständnisvoll; ich sah nämlich keinen Anlaß, ihm meine Situation als *Mischling* zu verschweigen. Er hätte denken können: Nun gerade! Aber er gab mir mein Arbeitsbuch zurück mit dem befreienden Stempel »Vom Pflichtjahr zurückgestellt« – auf ein Jahr befristet. Aber 1941 hat man meist auf unsereins schon keinen Wert mehr gelegt.

Übrigens: Das Herzklopfen hätte ich bestimmt auch ohne den Tee gehabt.

[1935]: Betr. Kunst- und Antiquitätenhändler
Auf Grund des § 10 der 1. Verordnung zur Durchführung des Reichskulturkammergesetzes vom 1. 11. 33 lehne ich Ihre Aufnahme in die Reichskammer der Bildenden Künste ab und untersage Ihnen die weitere Ausübung des Berufes als Kunst- und Antiquitätenhändler. Für die Umgruppierung oder Auflösung Ihres Geschäftsbetriebes bewillige ich Ihnen eine Frist von vier Wochen. (S. 149)

Ein entsprechender Erlaß traf auch meinen Onkel Edgar, der die alte renommierte Firma meines Großvaters in den Colonnaden, das »Rembrandthaus«, übernommen hatte. So sehr sie inzwischen schon geschrumpft war, so sehr hing die Familie an dem Rest einer einstigen Familien-Institution. Nun kam also die »Umgruppierung« – in diesem Fall als Verkauf, ich glaube an den ehemaligen Hausmeister.

Die Anwaltskollegen meines Vaters waren meist fort – ausgewandert, einer seiner Soziusse hatte sich das Leben genommen. Wie aber sollte unser Vater auswandern?

Ohne das geringste Vermögen? Ohne uns Kinder? Und letztlich ohne die Möglichkeit, sich irgendwo wieder seinen Lebensunterhalt zu verdienen? Um als Pionier nach Palästina zu gehen, dazu war er zu alt. Und während Ärzte nach einigen Umständlichkeiten im Gastland neu beginnen konnten, gab es, das lag auf der Hand, für Juristen keine berufliche Zukunft. Zwei Orte boten sich noch als Zufluchtsort für mittellose Juden an: Honduras und in China die Stadt Schanghai. Aber gewisse Auflagen galten auch dort.

»Was um alles in der Welt soll ich in einer chinesischen Stadt?« fragte der Vater. Ja, was sollte ein Hamburger Rechtsanwalt im Fernen Osten, in einer Stadt, die überdies von der Achsenmacht Japan besetzt war – 1937 zusammen mit Nanking den Chinesen geraubt?

Onkel Edgar, Tante Hanna und Vetter Hans aus der Hagedornstraße buchten 1940 Schanghai. Sie boten mir an, mir sofort nach ihrer Ankunft schriftlich zu bestätigen, daß sie mich, wenn ich kommen wolle, zu sich nähmen. Ich könne dann irgend etwas arbeiten und versuchen, den Vater nachkommen zu lassen.

Als ich zustimmte, wußte ich nicht so genau, was ich tat. Ich sah darin einen vielleicht letzten Ausweg für den Vater, buchstäblich. Und die arme Mutter? Zu der Zeit hatte sie schon alles verloren: ihre freundliche Weltvorstellung und ihre Gesundheit. Und nun auch noch die Familie?

»Wolfgang bleibt ja da«, sagte ich, »und irgendmal werden wir ja wohl zurückkommen können.«

Einstweilen allerdings siegten noch Hitlers Soldaten.

Es ging dann alles sehr schnell. Da Juden abends nicht mehr außerhalb ihrer Wohnungen sein durften, der Zug vom Hauptbahnhof aber erst um Mitternacht fuhr, gingen die Hechts schon am späten Nachmittag ins Hotel

Reichshof, wo die jüdischen Auswanderer in dieser ihrer letzten Nacht in Deutschland betreut wurden. So konnten nur die »kleine Inge« und ich sie begleiten.

Die Auswandererstimmung war gedrückt, traurig und voller Vorausheimweh; schließlich hatte man seit zwei Generationen an der Elbe Auen gelebt. Zudem waren wir voller Unruhe, ob nicht doch im letzten Moment etwas Schreckliches geschehen würde, denn natürlich wurden die Papiere noch einmal von irgendeiner angstverbreitenden Behörde überprüft. Es war ein schlimmer Abend.

Als es soweit war, gingen wir mit über die verdunkelte Straße bis zum düsteren Eingang des Hauptbahnhofs. »Bitte nicht mit auf den Bahnsteig«, sagte Tante Hanna. Und dann: »Auf gesundes Wiedersehen in Schanghai . . .!« (In Schanghai schockte die Ankommenden doch tatsächlich eine Hakenkreuzfahne, die ein deutsches Schiff am Ufer des Whanpoo-Flusses gehißt hatte!)

Als im Februar 1982 vom Südwestfunk diese weitgehend unbekannt gebliebene Art der Auswanderung rekonstruiert wurde – die »Schanghailänder« aus Los Angeles hatten 1981 ihre »Fluchtburgen« wieder besucht –, fielen mir auch die Berichte meiner Tante Hanna wieder ein.

Die fernöstliche Mentalität gestattete es nicht, daß »Weiße« beziehungsweise Europäer »niedrige« Arbeiten verrichteten. Die deutschen Juden hatten sich in der übrigen Welt solche Klassenvorstellungen längst abgewöhnt, kräftig unterstützt von jenen englischen Familien, die jüdische Damen als Haushälterinnen einstellten, sie dann den Dienstboteneingang benutzen und in der Küche essen ließen. Aber hier wurde man von den ansässigen Europäern und Amerikanern nachdrücklich darüber belehrt, daß in Schanghai solche ungeschriebenen Gesetze zu respektieren seien! Statt dessen sorgte ein »Jüdischer Hilfsverein« für Unterkünfte und Gemeinschaftsverpflegung der Emigranten. Doch das Nichtstun war sehr schlimm. Nur Handwerkern – sie kamen meist aus Osteuropa – gelang es, kleine Werkstätten einzurichten und aus den Elendsquartieren herauszukommen. Damit war es im Mai 1943 vorbei: Die Staatenlosen – und dazu gehörten die jüdischen Emigranten – wurden zusammengezogen und in ein Ghetto gesperrt. Auch die Handwerker mußten ihre mühselig erarbeiteten Minirefugien wieder verlassen. In diesem Ghetto, einem schlimmen Slumviertel, breiteten sich zudem Typhus und Cholera aus. Viele starben.

Davon wußte ich natürlich nichts, als ich, nachdem der versprochene Brief gekommen war, meine Ausreise nach Schanghai vorbereitete. Während meine arme Mutter (als Offizierstochter tapfer schweigend) litt und der Vater seine Schuldgefühle in sich auftürmte, fühlte ich ein Abenteuer auf mich zukommen; ich war ja noch nicht einmal mündig.

Es wurden unsere letzten Kunstgegenstände verkauft, und was an Fahrgeld dann noch fehlte, gab mir ein Freund unseres Hauses: der in Blankenese lebende Schriftsteller William Quindt. Diesen weitgereisten Kenner von Land und Leuten auch in Übersee – er war lange Pressechef bei Zirkus Sarrasani gewesen – machte schon das Wort »Nazi« krank, und viel Hilfreiches verdanken wir ihm.

Ich reichte meine Papiere ein, bekam den Reisepaß, kaufte die Fahrkarte für die Transsibirische Eisenbahn. Das hörte sich für eine Zwanzigjährige großartig an in einer Zeit, da das Reisen weder so selbstverständlich noch so wohlfeil war wie heute – zumal im Krieg.

Als ich die vielen Einzelabschnitte quer durch die UdSSR in der Hand hatte, wurde mir doch etwas sonderbar zumute. Als das Gefühl des Sonderbaren nicht aufhörte und recht ungut werden konnte, ging ich zum Arzt. »Sie bekommen ein Kind«, sagte er.

Ich gab alle Fahrkarten zurück und schrieb nach Schanghai. Meine brave Mutter hatte Gelegenheit zu lernen, daß ein uneheliches Enkelkind – bisher nicht denkbar in ihrer Welt! – sogar mit Salutschüssen zu begrüßen war, wenn man es eintauschen durfte gegen die Angst um eine Tochter im Fernen Osten.

Und Vatis Auswanderung? »Ach«, sagte er, »ich freu mich auf das Baby.« – Er war eine Zeitlang der einzige, der sich darauf freute. Ich war voller Zukunftsangst.

Auf meine Bitten hat mir mein Vetter Hans Jack Hecht im September 1982 aus Alamo/Kalifornien seine Erinnerungen auf Tonband gesprochen.

»Wir sind 1940 aus Hamburg ausgewandert, ich war damals acht Jahre alt. Von Hamburg fuhren wir mit der Eisenbahn über Berlin nach Danzig, dann per Flugzeug nach Moskau, wo wir in den Transsibirienzug stiegen. Eine ganze Woche lang fuhren wir durch die UdSSR über Sibirien nach Wladiwostok, dann in eine Stadt Harbin in Mandschuko und weiter nach Dairen. Ich erinnere mich daran, daß es furchtbar kalt war, und ich habe nicht verstanden, warum wir so weit von zu Hause fortreisen mußten. Von Dairen ging es in einem kleinen Steamer an der chinesischen Küste entlang, wir mußten im Stauraum zusammen mit japanischen Soldaten schlafen. Nach zwei Tagen kamen wir in Schanghai an.

Wir wurden von der ›Jüdischen Gemeinde‹ in Empfang genommen, und es gelang dem Vater, ein Zimmer – wir nannten es eine kleine Wohnung – zu mieten, in der französischen Konzession. Schanghai war damals eine internationale Niederlassung unter englischer, französischer und amerikanischer Aufsicht unter japanischer Vorherrschaft.

In unserem Viertel waren die Straßennamen, auch Polizei und Armee, französisch. Mein Vater hatte dreihundert Dollar auf einer japanischen Bank und konnte damit wieder eine kleine Kunsthandlung eröffnen, die Bevölkerung hier war sehr interessiert an Kunstgegenständen. Wir hatten den Raum geteilt und aßen und schliefen auch hier. Als nach dem Überfall auf Pearl Harbor der japanisch-amerikanische Krieg begonnen hatte, sind die ausländischen Truppen abgezogen, die Japaner haben die ganze Stadt kampflos eingenommen. Das war im Dezember 1941.

Im Mai 1943 mußten, aufgrund eines japanischen Erlasses, alle Staatenlosen, die keinen Paß besaßen, in einen Ghettobezirk nach Hongkew ziehen. Dieser Erlaß betraf hauptsächlich die jüdischen Emigranten, die nun, wie auch mein Vater, ihre kleine Existenz aufs neue verloren. Vater bekam ein Zimmer zugewiesen. Küche und Bad mußten wir mit sechs anderen Familien teilen. Kunstinteresse bestand unter solchen Umständen nicht mehr, die kleinen materiellen Vorteile fielen weg.

Ich ging in die ›Jüdische Gemeindeschule‹, in der deutsche Lehrer uns in den üblichen Fächern unterrichteten. Wir Jungen spielten Fußball, die Erwachsenen hatten Sportvereine gegründet. Das Leben ging den ganzen Krieg hindurch also weiter. Manchmal griffen die Amerikaner japanische Militäreinrichtungen in der Stadt an.

Dann kam der 17. Juli 1945. Es war ein sehr bewölkter Tag. Ich spielte vor dem Haus, in dem wir lebten, mit vielen anderen Kindern. Wir hörten Flugzeuge, man konnte sie nicht sehen, die Wolken waren sehr dicht. Ich hörte die Flugzeuge sehr nahe, und als ich zum Himmel sah, kamen kleine, schwarze Staubkörner auf uns zu – das waren die Bomben! Vor unserem Haus ging eine Bombe nieder, ich rannte in die Küche! Der Eingang war hinter dem Haus, alles war voller Glas, der Kalk kam von den Wänden. Der Vater kam mir entgegen, er blutete aus einer großen Wunde über dem Herzen. Er stand noch aufrecht. Ich schrie: ›Papa, du bist verwundet!‹, dann sackte er zusammen. Ein Stück Schrapnell mußte ihn durchs offene Fenster getroffen haben. Die Mutter war nicht verletzt – sie war in der Küche, er im Zimmer gewesen.

Ich glaube heute noch, daß, wenn nicht um uns herum so viele Menschen auf einmal verwundet gewesen wären, man dem Vater hätte helfen können. Er ist am Blutverlust gestorben. Aber die Ärzte konnten nicht überall gleichzeitig sein.

Der Krieg endete im August 1945 und die ›Jüdische Gemeinde‹ von Amerika schickte uns Geld, Lebensmittel und Kleider. Wir waren damals 18000 Emigranten aus Deutschland, Österreich, Polen und Ungarn.«

So also ist mein lieber, lustiger Onkel Edgar umgekommen, meine Tante hat sich von diesem Verlust nie erholt. Sie war aber sehr tapfer, ließ sich als Krankenschwester ausbilden und arbeitete in einem Schanghaier Hospital, bis sich ihr und Vetter Hans eine Ausreise nach San Franzisko bot, im Sommer 1949.

Ich habe mich immer gefragt: Wo wäre ich während des Angriffs gewesen: in der Küche oder im Zimmer?

Ich habe mich über das Verhalten der Schanghai-Außenstelle der NSDAP gegenüber den Juden zu informieren versucht: Die Japaner, so antwortete mir ein Diplomat, der dort einst als Botschafter war, hätten sich »einen Pfifferling« um die Nazihetze gekümmert. Sie haben alle Staatenlosen in Hongkew eingesperrt.

Der Japaner, der sich als »Ghettochef« aufgespielt hatte – ein Herr Goja –, wurde von den Amerikanern später interniert. Freigekommen sei er, so berichtete Vetter Hans, weil er abgelehnt habe, was angeblich die Nazis von ihm gefordert hätten: Gaskammern zu bauen.

Das lange Jahr
(1941)

1. 9. 41: *Ab 15. 9. 1941 ist es Juden, die das sechste Lebensjahr vollendet haben, verboten, sich in der Öffentlichkeit ohne einen Judenstern zu zeigen. Juden ist es verboten, ohne schriftliche, polizeiliche Erlaubnis ihre Wohngemeinde zu verlassen und Orden, Ehrenzeichen oder sonstige Abzeichen zu tragen.*
Dies gilt nicht für den in Mischehe lebenden jüdischen Ehegatten, sofern Abkömmlinge aus der Ehe vorhanden sind, die nicht als Juden gelten, oder der einzige Sohn im Krieg gefallen ist, ferner nicht für die jüdische Ehefrau bei kinderloser Mischehe während der Dauer der Ehe. (S. 347)

Als ich wußte, daß ich ein Kind erwartete, schrieb ich an Hans. Trotz aller gefahrvollen Unwegsamkeiten sprach er mit seinem »Spieß«, der ersten Instanz für einen von Soldaten zu stellenden Antrag auf eine – angeblich manchmal mögliche – Heiratsgenehmigung. (Ich habe von keiner je gehört.) Und natürlich waren die Folgen verheerend. Zu Barbaras Geburt schrieb er mir von der Ostfront, am liebsten käme er aus dem Krieg nicht mehr zurück ... Das war kein sehr ermunternder Brief ins Wochenbett einer sehr jungen Mutter, aber ich war daran gewöhnt, nichts zu beanspruchen, nicht einmal Trost. Zu der Zeit war dem Hans schon allerlei Schlimmes widerfahren – einmal meinetwegen, und außerdem hatte er an der Front Furchtbares erlebt.

Sein Wunsch ist in Erfüllung gegangen. Er war zwar noch einmal in Hamburg, hat seine kleine Tochter kennengelernt, ist aber am 29. Juni 1944 bei Lepal an der Ostfront gefallen.

Ich brauchte ein Umstandskleid und bekam eine Punktkarte zugeteilt. Als ich mit der Mutter die Grindelallee herunterging, kam es zu einem der Augenblicke, die niemand von uns je wieder vergessen hat:

Der Vater kam uns entgegen. Er ging auf der anderen Straßenseite; wir sahen uns alle drei gleichzeitig. Die Mutter wurde leichenblaß, konnte einen Moment lang keinen Schritt mehr machen. Auch der Vater blieb sekundenlang stehen. »Um Gottes willen, bleib nicht stehen«, sagte ich, »sonst glaubt irgendeiner, der uns vielleicht doch bespitzelt, das sei Absicht!« Die Mutter ging weiter. Der Vater ging weiter. Die Mutter fing an zu weinen.

»Kaufen wir das dumme Kleid ein andermal?« fragte ich. »Nein«, sagte die Mutter, »das hilft mir auch nicht.« Und dann sagte sie: »Wenn ich das alles gewußt hätte, hätte ich mich niemals scheiden lassen. Wenn ihm etwas passiert, werde ich immer sagen: Ich habe ihn auf dem Gewissen.« »Du wirst ihn niemals auf dem Gewissen haben«, sagte ich, »du nicht.«

Sie hat das aber bis zu ihrem Lebensende im Jahr 1979 gemeint. Eine lange Zeit.

Nach der Schanghai-Fahrt der Hechts hatte der Vater in die Dillstraße ziehen müssen, die nachgerade zu einer Art Ghettostraße geworden war. Er lebte dort in einem kleinen Zimmer; dieser Raum mit Bett, Bücherschrank, Kochplatte und mit vollgepackten Stühlen verfolgt mich heute noch bis in meine Träume ...

Der Vater liebte es, sich aus Zeitungsartikeln über bestimmte Themen, die ihn interessierten, ein kleines Archiv anzulegen. Im Haus und in der Wohnung war das weiter nicht problematisch gewesen – doch in einem winzigen Zimmer? Aber gerade jetzt brauchte er eine Beschäftigung, die ihn ablenkte, und also türmten sich an den Wänden die Zeitungen zu Bergen.

Haben wir uns damals genug um ihn gekümmert? Sind wir hingegangen, um ihm zu helfen, diese Zeitungshaufen zu sortieren? Hätten wir dort für ihn kochen sollen? Ich habe sein Kochbuch noch. Auf dem Vorsatzblatt stehen die Seiten vermerkt für Beafsteakbraten und Reiskochen. Er war 57 Jahre alt und hatte noch niemals in einer Küche gestanden, als er begann, mit einer Kochplatte zu hantieren.

Warum solche Details hier erscheinen? Sie gehören zum Mosaik; denn es sind die absonderlichsten Dinge, die einem ans Gewissen gehen ...

Der Vater brauchte keinen Stern zu tragen, die Mutter schon gar nicht und auch wir *Abkömmlinge* nicht. Bei der »kleinen Inge« war das anders: Ihre Mutter war bei der Eheschließung zum mosaischen Glauben übergetreten, und so waren die gemeinsamen Kinder etwas, für das die Nazis ein neues Wort schufen: *Geltungsjuden.* Aber infolge einer der sehr wenigen freundlichen Zufälle dieser Zeit kam bei der »kleinen Inge« niemand dahinter, einstweilen. Zudem waren wir beide im Jahr 1938 getauft worden. Das hätte zwar im Ernstfall nichts genützt, aber es gab ja auch Gelegenheiten, wo Behörden nicht gleich den *Ariernachweis* verlangten. Ihr Vater aber mußte den Stern tragen, er war von ihrer Mutter – auf deren Wunsch – geschieden und hatte wieder geheiratet, eine Jüdin.

Unsere Verwandten, aber auch viele unserer Freunde, mußten dieses – wie die Nazis es sich vorstellten – Zeichen der Schande tragen, und zwar, so lautete die Vorschrift, deutlich sichtbar. Wenn uns ein »Sternträger« besuchte, bemühte er sich darum, das gelbe Ding auf irgendeine Weise zu verdecken und zu verstecken, denn so ein Besuch gehörte ja zu den Verboten. Hatten wir doch allen Grund, vor den NS-Damen in der Vorderwohnung zu zittern. Wir zitterten aber auch um uns; wir zitterten darum, daß wir selbst in einer brisanten Situation einmal wegsehen würden, schweigen, weitergehen; wir zitterten auch bei uns selbst um das, was man Charakter nannte.

29. 3. 41: *Die Reichsvereinigung [der Juden] hat bis zum 1. 4. 41 dem RSHA [Reichssicherheitshauptamt] eine vollständige Liste aller jüdischen Wohnungen in arischen Häusern zu übermitteln. Die Liste hat die Adressen, Zimmerzahl und zusätzliche Einzelheiten zu enthalten. (S. 338)*

In diesem Jahr 1941 hat sich so vieles von dem Schrecklichen gehäuft: Es fuhren die ersten Deportationszüge in den Osten, und es kamen die Erlasse, die auf die »Abschiebung« der Juden hinzielten: die Erfassung ihres Wohnraumes, aller ihrer Besitztümer bis hin zum folgerichtigen Erlaß:

15. 2. 42: *Juden dürfen keine Haustiere mehr halten. (S. 364)*

Ich sage: folgerichtig, weil die Planer der *Endlösung* es sich ersparen wollten, auch die Haustiere, die allein zurückbleiben würden, noch totschlagen zu müssen.

Auch die Kürzungen der Lebensmittelrationen für Juden wurden immer bedrohlicher; wenn niemand ihnen heimlich half – was indessen viele Ladenbesitzer denn doch ihren alten Kunden gegenüber getan haben! –, verhungerten sie vor aller Augen. (Es geschah ohnehin seit dem »Sterntrage«-Erlaß alles vor aller Augen.)

Dann wurde verfügt:

20. 4. 41: *Lebensmittel, welche Juden in Paketen aus dem Ausland erhalten, sind von ihren Lebensmittelzuteilungen abzuziehen. (S. 339)*

Die Juden galten überdies seit Kriegsausbruch als Feinde, und ihnen war die deutsche Staatsangehörigkeit aberkannt worden.

Wir *Mischlinge ersten Grades* hatten immerhin mancherlei ablenkende Hilfen, nicht zuletzt die »Traumfabriken«. Als ich 1982 den 1941 produzierten Rühmann-Film ›Quax der Bruchpilot‹ wieder sah, erinnerte ich mich an jenen Kriegsabend, als die »kleine Inge« und ich diesen harmlos-heiteren Streifen genossen haben. Mit welch bewundernswürdigem Understatement hatte Rühmann das Prinzip der Zucht und Ordnung auf die Schippe genommen, ohne es nun gerade zu demolieren; schließlich war Krieg, wenn auch nicht seiner und unserer. (Wir haben erst später erfahren, daß er zu dem Kreis der vielen Publikumslieblinge gehörte, die, ihrer Ehen oder Partnerschaften mit *Nichtariern* wegen, unter Goebbels zu leiden und vor ihm zu zittern hatten – und durchaus nicht so heiter gewesen sein dürften wie sie scheinen mußten.) Der »kleinen Inge« und mir aber war ganz heiter zumute. Vielen Dank, Heinz Rühmann. Sein Flugzeug war so schön friedlich! Alles trällerte in diesen Wochen: »Heimat, deine Sterne, der Himmel glänzt wie ein Diamant – Schöne Abendstunde ...«

Die Sterne über unserem Land glänzten nicht mehr über allzu vielem Frohsinn, und die Abendstunden waren voller Fliegerangst. Wir aber wollten hinterher noch nicht nach Hause und gingen in eine kleine Weinstube in der Grindelallee. Von dort aus würden wir es bei Voralarm noch rechtzeitig schaffen heimzukommen. Zwei SS-Leute setzten sich zu uns. Sie wirkten, wie sich der berühmte »kleine Moritz« solche Leute vorzustellen gelernt hatte, nach bitterer Erfahrung: Glasaugen hätten menschlicher geblickt! Die »kleine Inge« – mit ihrem blonden Haar gewiß schuld an dieser fragwürdigen Ehre – räusperte sich: Achtung, Besonnenheit! Ein zu spontanes Aufbrechen hätten sich *Arierinnen* leisten können, wir nicht.

Ich setze nichts hinzu und lasse ziemlich viel weg, wenn ich berichte, daß während der Unterhaltung einer von ihnen plötzlich damit anfing zu renommieren, wie er im KZ mit den Juden umginge. – Ich bin sicher, daß viele SS-Leute auf diese Idee nicht gekommen wären – uns ist das wirklich passiert. Ich weiß nicht mehr, wie wir dann doch fortgekommen sind. Danach gingen wir aber niemals wieder ohne Freunde aus.

Am 22. Juni 1941 kam der Ali morgens an unseren Frühstückstisch gestürzt und sagte, bleich bis an die Haarwurzeln: »Hitler hat Rußland den Krieg erklärt.«

Der Ali hatte die »kleine Inge« und mich einmal mitgenommen in den »Bronzekeller«, einem Kleinkunstkabarett am Carl-Muck-Platz, in dem die Künstler noch sehr mutig waren und uns aus der Seele kabarettelten; keiner von ihnen geriet in die Nähe der Kunst, die die Nazis mochten; hier zitierte man noch die – erst kürzlich in Zürich verstorbene – Mascha Kaléko und Tucholsky.

Dort lernte ich den Otto Larsen kennen; er hatte nahe dem Kleinen Jungfernstieg ein großes, helles Atelier, von dem aus man über die Alster sah. Er ließ mit einem ausgeprägten Sinn für den Geist der Stunde Kacheln bemalen; es gab keine Geschenkartikel mehr, also schuf man welche. Man sorgte dafür, daß sich die Hamburger nichts sehnlicher wünschten als Untersätze und Blumentischchen aus Kacheln. Man brachte mir bei, Porzellanfarben zu mischen und mit ihnen umzugehen. Ich spezialisierte mich auf bunte Koggen mit geblähten Segeln im Wellenmeer und auf zierliche Chinesinnen unter Sonnenschirmen. Unsere Motive zeichneten wir auf Butterbrotpapier, versahen die Linien mit Nadelstichen, legten das Ganze auf Kacheln, streuten Granitstaub drüber – und schon waren die Umrisse von Koggen und Chinesinnen auf dem Porzellan, bereit, ausgemalt zu werden. Mit stärkerem oder schwächerem Pinseldruck brachte man Bewegung in die Wellen, und das alles machte viel Spaß und war überdies einträglich. Nicht zuletzt entstanden auch Freundschaften, die bis heute gehalten haben. Denn hier lernte ich Olli Cohnheim kennen, die bereits ein Refugium im breisgauischen Staufen hatte – wo sie uns nach dem großen Angriff Asyl gewährte. Ich besorgte mir einen Gewerbeschein für »nichtselbständige Arbeit« – natürlich! –, und als Otto Larsen doch noch eingezogen wurde und sein Atelier schließen mußte, arbeitete ich auf eigene Rechnung. Die Kunden in Hamburgs Läden fragten nicht nach dem *Ariernachweis*, und das Finanzamt kam auch nicht auf den Gedanken.

19. 7. 40: *Juden sind als Fernsprechteilnehmer ausgeschlossen. Ausnahmen für Konsulenten, Krankenbehandler und Personen, die in privilegierter Mischehe leben. (S. 325)*

Am 26. August 1941 kam meine Tochter Barbara auf die Welt. Mein Vater hatte mich im Elisabeth-, dem ehemaligen Freimaurer-Krankenhaus untergebracht und es erreicht, daß ich ein Einzelzimmer bekam. Ich wollte lästigen Fragen aus dem Wege gehen und hatte mir das Geld selbst ermalt. Man hat mich, obgleich ich nicht verheiratet war, sehr gut behandelt, und mir war, wenn ich davon absehen will, daß ich frühmorgens die Geräusche vom nahegelegenen Schlachthof als qualvoll empfand, ein geruhsames Wochenbett beschieden.

Damals bekamen wir Listen mit erlaubten Namen; die Kinder, die während des Tausendjährigen Reichs geboren wurden, durften keinesfalls alttestamentarisch genannt werden, nicht Esther oder Rahel, wohl aber – und wir erlaubten uns zu kichern! – Maria.

Jeden Vormittag kam der beglückte Großvater, nachmittags die junge Großmutter. Diesen Zeitplan streng einzuhalten war angebracht, denn wir wußten ja nicht, wie weit Nazispitzel das erpreßte Versprechen der Eltern überwachten; war Barbaras Geburt doch eine Gelegenheit, die beiden zu ertappen.

Der Großvater hatte eine unendliche Freude daran, den kleinen *Mischling zweiten Grades* spazierenzufahren. Das setzte eine höchst komplizierte Prozedur voraus: Da er kein »Sternträger« sein mußte, durfte er als Konsulent öffentliche Fernsprecher benutzen. Er wählte also unsere Nummer, ohne sich zu melden. Dann trug die Mutter Barbara die Treppe hinunter – wir wohnten im zweiten Stock – in den Hausflur, wohin sie vorher den Kinderwagen balanciert hatte. Sie ging vorsichtig vor die Haustür und wenn der Vater Ecke Hansastraße/Grindelallee zu sehen war, schob sie den Wagen hinaus, ging schnell wieder ins Haus zurück, wartete, bis beide beisammen waren. Die »Rückgabe« des Kindes erfolgte nach ähnlichem Muster. Über die Würdelosigkeit solcher Situationen haben wir uns damals schon lange keine Gedanken mehr gemacht.

Die Existenz dieses kleinen neuen Familienmitgliedes, für das ich immerhin Unterhalt von der deutschen Wehrmacht erhielt, machte es dennoch notwendig, etwas mehr zu verdienen. Halbtags blieb ich also bei der mit allerlei Listen als »kriegswichtig« umgepolten Firma des hilfreichen Rolf Sommer in der Kleinen Bäckerstraße, und an den Abenden – und in vielen, vielen Luftschutzkellernächten! – bemalte ich Kacheln. Längst schon hatte ich Übung darin, ein großes Zeichenbrett auf den Knien zu balancieren und beim düsteren Kellerlicht zu arbeiten. Heute weiß ich nicht, woher ich die Nerven und die ruhige Hand hatte, wenn Fliegerängste »in der Luft lagen«. Aber was wir da dumpf detonierend hörten, war ja angeblich unsere Abwehr – und unser Stadtteil wurde erst im Sommer 1943 getroffen; so lange verfügte man offenbar über eine besondere Art von Mut oder Schutz-Fatalismus.

Der Freundin Ingrid, die mit ihrer jüdischen Mutter und dem kleinen Sohn Kai ebenfalls ein recht schweres Dasein führte und auch in der Hansastraße wohnte, brachte ich das Kachelmalen bei, und wir sind jahrelang gemeinsam dieser bunten Tätigkeit nachgegangen. Die Ingrid ging nach dem großen Angriff ins Fichtelgebirge; ihrer Mutter hatte sie entschlossen in den Wirren der brennenden Stadt falsche Papiere besorgt; sie hat überlebt.

19.12.38: *Anträgen von Juden und Mischlingen ersten Grades, ihren Namen zu ändern, wird grundsätzlich nicht stattgegeben. (S. 269)*

Die Mutter bekam eines Tages im Sommer 1941 Besuch von irgendeinem Behördenbeauftragten: ob mein Bruder und ich nicht auch den Namen »von Sillich« annehmen wollten? Offenbar war der Erlaß vom Dezember 1938 nicht sehr bekannt. Wolfgang und ich jedenfalls wiesen diesen Gedanken von uns. Aber: Wären wir in unserer Entscheidung auch so sicher gewesen, wenn wir einen typisch jüdischen Namen getragen hätten?

Ich erinnere mich dieses Intermezzos aus Hochachtung vor unserer Freundin Olli Cohnheim; sie war nur *Mischling zweiten Grades,* hätte also wohl einen Namen ablegen dürfen, der ihr so unendlich viel Ungemach einbrachte: Sie hatte in Hamburg eine eigene Buchbinderei schließen müssen, weil die Kunden – des Namens wegen – wegblieben. Sie zog in den Schwarzwald und konnte dort noch einige Zeit Kunstgewerbliches verkaufen. Aber auch dort kam der Tag, an dem das vorbei war, und mir, die ich mich auch mit meinen gemalten Kacheln in meiner neuen Heimat auf sie berief, wurde in einer süddeutschen Stadt gesagt, es sei keine Empfehlung, von einer Jüdin geschickt zu sein. Paradox! Indessen, sie hat niemals den »verdächtigen« Namen ihres Vaters abgelegt.

Übrigens: Die heutigen Generationen wissen kaum noch, daß es »typisch jüdische Namen« gibt.

24.10.41: *Deutschblütige Personen, die in der Öffentlichkeit freundschaftliche Beziehungen zu Juden zeigen, sind aus erzieherischen Gründen vorübergehend in Schutzhaft zu nehmen bzw. in schwerwiegenden Fällen bis zur Dauer von drei Monaten in ein Konzentrationslager, Stufe I, einzuweisen. Der jüdische Teil ist in jedem Falle bis auf weiteres unter Einweisung in ein Konzentrationslager in Schutzhaft zu nehmen. (S. 353)*

Wolfgang und ich waren nicht bereit, auf unsere *nichtjüdischen* Partner zu verzichten. Solange sie den Mut hatten – wir hatten ihn auch, reichlich unbekümmert aus heutiger Sicht! Denn wir bezweifelten, daß man uns ständig und rund um die Uhr jahrelang beobachten könne; doch die Eltern lebten in Angst. Wir aber hatten uns an den Gedanken gewöhnen müssen, daß unser Leben ohnehin ein makaberer Tanz auf dem Vulkan ist – sollten wir denn unaufhörlich daran denken, daß dieser Vulkan ausbrechen könnte?

Die »kleine Inge« erzählt:

»Mein Freund aus dem Bund ›Kameraden‹, Rudi Samson, und ich gingen spazieren. Wir gingen nebeneinander durch eine schmale Straße zur Rothenbaumchaussee, ich glaube, durch den Turmweg; er schob sein Fahrrad. Vom Reitplatz her kamen uns zwei Leute in SS-Uniform entgegen und noch bevor wir schnell ausweichen konnten, baute sich der eine vor Rudi auf und begann mit seiner Reitpeitsche herumzufuchteln. ›Judenlümmel‹, sagte er, ›das paßt dir wohl, mit deutschen Mädchen herumzulaufen!‹ Bevor er zuschlagen konnte, hatte der andere ihn fortgezogen. – Das ›deutsche Mädchen‹ war ich.

Rudi ist kurz darauf mit seinen Eltern nach Holland ausgewandert und später in einem KZ umgekommen.«

Der Ali hatte die »kleine Inge« und mich zu seinen Segelfreunden an die Elbe gebracht, zum Yachthafen Schulau bei Wedel. Damit begann unsere schönste Zeit zwischen 1939 und 1945. Auf der Elbe hatten wir keine Angst vor der fatalen Klingel am frühen Morgen, zu den Zeiten, da die Gestapo zu kommen pflegte. Die Freunde hatten alle mehr oder weniger bürgerliche Berufe, vom Zahnarzt über Kunstmaler zum technischen Zeichner; gemeinsam war ihnen der Haß auf die Nazis. Sie waren immer bereit, uns mitzunehmen, uns zu helfen, abzulenken, zu erfreuen.

Ich lernte Ziehharmonika spielen, chinesisch kochen, und ich lernte zu ertragen, die vor meinen Augen geangelten und getöteten Fische auch zu essen. Diese Wochenenden auf dem Wasser haben uns sehr geholfen. Wir hatten solche Hilfen, die Eltern nicht. Auch an einem solchen Wochenende widerfuhr der »kleinen Inge« Tragikomisches:

»Im Zug von Wedel nach Hamburg. Eine ebenfalls blonde Freundin von mir und ich kamen in blauen Segelhosen und hellen Sommerblusen von Bord zum Zug. Es war knallheiß, und wir hatten einen Fensterplatz erwischt. Um uns herum die Segelfreunde und Touristen. Plötzlich sagte ein Mann: ›Unerhört, daß zwei BDM-Mädchen sitzen, während ältere Leute stehen.‹ Nach einigem Schweigen sagte, sich räuspernd, der *halbjüdische* Mann meiner Freundin: ›Ischa wahr, BDM-Mädchen sollten dscha wohl wissen, was sich gehööart!‹

Damals hatten sie noch Mut zum Humor.«

Und auch daran erinnert sich die »kleine Inge«:

18. 9. 41: *Juden sind berechtigt, die ... öffentlichen Verkehrsmittel nur dann zu benutzen, wenn es noch Platz für sie gibt, keinesfalls aber in der Zeit der größten Belastung, wenn nicht einmal alle Nichtjuden Platz finden. Juden dürfen nur in den niedrigen Klassen fahren und Sitzplätze nur einnehmen, wenn andere Reisende nicht mehr stehen. (S. 350)*

»In der Straßenbahn. Mein Vater durfte nur auf dem Perron stehn. Wir fuhren zusammen den Mittelweg herunter. Ich, blond und blauäugig, so ganz den Vorstellungen der ›Herrenrasse‹ entsprechend, und mein armer, jetzt so trauriger Vater. Ich bin gespannt, was passiert. Gar nichts. Einige Mitfahrende schauen neugierig, einige mitleidig, aber keiner macht eine Bemerkung oder zeigt Aggression.«

Wir lebten in dem seltsamen Bereich zwischen Angst, Spannung und Neugierde. Hätten wir's sonst ausgehalten? Wir studierten unsere Umwelt.

Schikanen, die ihre Schatten vorauswarfen (1942)

3. 1. 42: *Angesichts der nahe bevorstehenden Endlösung der Judenfrage wird die Auswanderung von Juden deutscher Staatsangehörigkeit und staatenloser Juden aus dem Reich unterbunden ... (S. 361)*

Am 20. Januar 1942 hat die »Wannsee-Konferenz« stattgefunden, in der man die *Endlösung* beschloß.

Am 9. Juli 1942 bekam der Vater der »kleinen Inge« die berüchtigte Aufforderung, sich in der Hartungstraße einzufinden – mit einem Koffer und mit Fahrgeld. Von unterwegs konnte er noch eine Karte schreiben, deren Form darauf hinwies, daß sie geschmuggelt sein mußte: »Wir fahren gen Osten.«

Das war das letzte, das sie von ihrem Vater gehört hat.

Unsere Lehrerin Elisabeth Flügge wurde Zeugin der ersten großen Deportationswelle in Hamburg im Oktober 1942. Sie erzählte:

»Ich besuchte gerade eine sehr feine alte Dame, die nicht mehr hatte auswandern können, weil sie schon zu gebrechlich war und nun in einem erbärmlichen winzigen Zimmer hockte. Plötzlich hörten wir durchs Treppenhaus rufen: ›Morgen früh 8 Uhr alle zur Sammelstelle!‹ (Logenhaus Moorweide). Da bat sie mich, sie mit einem Handtuch zu erdrosseln. Ich habe gesagt, das könnte ich nicht. Ich fuhr mit dem Fahrrad zum DRK und zur ›Jüdischen Gemeinde‹, aber man konnte mir nur raten, das Packen zu übernehmen. Am nächsten Tag war das Haus leer und versiegelt, aber ich erfuhr doch, daß die alte Dame in ein Altersheim am Bornplatz gebracht worden war, und dort ist sie gestorben.«

Meine Lehrerin Fräulein Angerstein habe ich wohl kurz vor dem ersten großen Angriff auf Hamburg 1942 zum letzten Mal gesehen. Sie war sehr krank, hatte Muskelschwund, normal war nur noch die Form ihres Kopfes – die Arme und Hände waren schrecklich atrophiert. Ihre klein gewordenen Hände konnte sie nicht mehr bewegen, und dennoch half sie sich selbst mit der geliebten Literatur. Ein Bücherstützgestell vor sich, wartete sie geduldig, bis eine Schwester kommen und umblättern würde. Ich erzählte ihr noch von Barbaras Geburt, und sie sagte, daß sie heute kein Parteiabzeichen mehr tragen würde.

Die zur Deportation bestimmten Juden durften ihr Geld unter gewissen Umständen vererben: an »halbversippte« Familienmitglieder, die in Deutschland blieben – nicht aber an *Volljuden* –, also an die ausgewanderten Kinder.

Die letzte noch lebende Schwester von Onkel Adolf Calmann (der uns zur Welt gebracht hatte), unsere Tante Jenny Rosenmeyer, setzte also meinen Bruder und mich als Erben ein. Ihr Sohn, unser Großonkel und väterlicher Freund Kurt, und seine Frau waren nach London ausgewandert, die beiden Enkel nach Schottland und Kanada geschickt worden. Sie selbst, alt und krank, wurde von keinem Einwanderungsland mehr hereingelassen. –

Wir wollten das Geld nicht. Aber der Vater erklärte uns, daß wir ohnehin nicht darüber verfügen dürften, da es auf einem Sperrkonto sei und bleibe – und daß auf diese Weise eine winzige Möglichkeit bestünde, der Familie das Geld zu erhalten.

Eines Nachmittags rief Tante Jenny uns an. Sie lebte in einem Altersheim in oder bei Blankenese.

»Wir werden nach Theresienstadt verschickt«, sagte sie, und ihre Stimme zitterte, »dort konnten wir uns in ein Heim einkaufen.« Die »kleine Inge« und ich fuhren hin, zu einem furchtbaren Abschied. Die Tante war tapferer als wir.

Diese Heimeinkaufsverträge übrigens gehörten mit zu den abgefeimtesten Betrugsmanövern der Nazis, denn nichts war dran an diesem Erlaß:

18. 6. 42: *Für Personen, die in Zukunft nach Theresienstadt abgeschoben werden sollen, sind Heimeinkaufsverträge vorzubereiten ... (S. 377)*

Jedem Interessierten sei Käthe Starkes 1975 erschienenes Buch ›Der Führer schenkt den Juden eine Stadt‹* empfohlen: Wie man in diese Stadt kam, mit der Hitler versuchte, dem Ausland gegenüber als human zu gelten; wie man dort »lebte«, vegetierte und starb, ist ein makaberes Thema für sich. Es gab keine Gaskammern – es gab Hunger und Seuchen und unendlich entwürdigende Schikanen. Diese Stadt war für die meisten ein erbärmliches Durchgangslager zu den Stätten der Vernichtung.

Der Transport, dem die Damen des Altersheimes zugeteilt worden waren, ist niemals irgendwo angekommen. Später erfuhr man, daß in manchen Fällen auch unterwegs kurzerhand »Vergasungswagen« eingesetzt worden sind.

Man versucht, sich in der Erinnerung damit zu trösten (wenn das Wort überhaupt erlaubt ist), daß diese alten und bereits unterernährten Menschen, deren Kinder schon jenseits des Ozeans in Sicherheit und unerreichbar weit fort waren und die sich schon allein vor den Reise-

* Siehe S. 43

strapazen fürchteten, wenigstens noch kurze Zeit in der Hoffnung gelebt haben, dort an der Ostelbe wieder ein Heim vorzufinden, in dem sie auf das Kriegsende und auf das Wiedersehen warten könnten.

Daß sich später die junge Bundesrepublik mit der Rechtsnachfolge schwertat, geht nicht zuletzt auch daraus hervor, daß das Hamburger Erbschaftsgericht meinem Bruder und mir Anfang der fünfziger Jahre diese Unrechts-Erbschaft auszahlen wollte, obgleich die leiblichen Erben im Ausland überlebt hatten. Es war gar nicht so leicht, das alles in Ordnung zu bringen – der Großonkel in England hat uns, im Einvernehmen mit den Vettern in USA, dennoch teilhaben lassen an dieser traurigen Erbschaft.

4. 1. 42: *Vertraulich: Im Rahmen der Woll- und Pelzsammlung für die Ostfront sind die Juden zur Abgabe der für die Front geeigneten Winterbekleidungsstücke anzuhalten. Den Ältesten der in den Gemeinden ansässigen Juden ist zu erklären, daß es Unwillen bei der deutschblütigen Bevölkerung hervorrufen würde, wenn Juden weiterhin Pelzkleidung tragen, während die deutschblütige Bevölkerung Winterkleidungsstücke opferwillig für die Front spendet. Ablieferungen dieser Kleidungsstücke wird von den Juden freiwillig erwartet, um Haussuchungen zu vermeiden ... (S. 361)*

5. 1. 42: *Juden, die in der Öffentlichkeit den Judenstern tragen müssen, haben bis zum 16. 1. 42 die in ihrem Besitz befindlichen Pelz- und Wollsachen ... abzuliefern ... (S. 362)*

Dieser bereits in seiner Formulierung absurde Erlaß war aus vielen Gründen schlimm; denn schon seit 1938 war ein anderer gültig und verurteilte zum Frieren:

14. 2. 38: *Vertraulich: Der Wirtschaftsminister teilt mit, daß in Erwägung des überwiegend öffentlichen Einflusses keine Bedenken dagegen bestehen, daß die Elektro- und Gasgemeinschaften Juden durch Abänderung ihrer Satzungen ausschließen. (S. 216)*

Das bedeutete, daß, wo deutsche Familien die jüdischen Hausgenossen drangsalieren wollten, sie deren Leitungen von der allgemeinen Leitung abkoppeln lassen und ihnen bedrohliche Strom- und Gassperren zumessen konnten.

Als uns nach 1945 eine nach Amerika ausgewanderte Dame aus Emmendingen besuchte, erinnerte sie sich dankbar an eine deutsche Familie, die zwar gegen eine solche Abkoppelung nichts hatte tun können, die aber – zum Beispiel damit dem *jüdischen* Baby Milch gewärmt werden konnte – durch ein in den Fußboden gebohrtes Loch eine elektrische Schnur herunterließ. – Solche Hilfen hat es auch gegeben.

In jenem Januar 1942 brachte mir der Vater einen Pelzmantel von einer befreundeten jüdischen Familie; es war ein schwarzer Seal, also kein teures Fell, aber hübsch geschnitten und für mich eine elegante Kostbarkeit.

»Ich soll dir sagen: dir ist er gegönnt.«

Ich wäre gern glücklich gewesen, ich war's auch – und auch wieder nicht. Um welchen Preis lief ich so warm und schmuck gekleidet durch den Kriegswinter?

Übrigens: Es waren nicht die Frontsoldaten, die sich in jüdische Damenpelze kleideten!

Im Sommer 1942 ist unser Freund Ali, eingezogen zur Flak, während eines Einsatzes in einem Hamburger Keller verbrannt.

Letzte Begegnung
(1943)

7. 10. 40: *Die Benutzung von Luftschutzräumen durch Juden kann praktisch nicht verhindert werden, doch soll auf ihre Abtrennung von den übrigen Bewohnern geachtet werden, entweder durch Schaffung eines besonderen Raumes für sie oder durch Trennung in demselben Raum. (S. 327)*

Am Nachmittag des 24. Juli 1943 war irgend etwas an und in mir nicht in Ordnung. In der Nacht zuvor hatte ich »Brandwache« gehabt, wie sie in jedem Hamburger Bürohaus vorgeschrieben war; um Mitternacht wurde die erste Schicht abgelöst. Vielleicht war ich davon so kaputt? Nach Dienstschluß nahm der Chef mich mit in die »Bodega« am Rathausmarkt. Wir saßen mit seinem Mitarbeiter, Dr. Pschorr, und dem Anwalt Herbert Samuel beim selten gewordenen Glas Wein zusammen und sprachen einmal wieder über alles – leise, versteht sich: Wie lange noch? Würden wir überleben? Würden wir die Bomben überstehen, und die Gestapo?

Zu Hause fragte die Mutter, ob ich krank sei. Keine Ahnung. Oder doch: Ahnung? Ich war nervös und traurig und ging früh schlafen.

Als die Sirenen zu heulen begannen, wußten wir nicht, daß wir unsere nachgerade zwar äußerst ärmliche, aber gemütliche Geborgenheit ausstrahlende Wohnung nie wiedersehen würden; sie ging zwei schreckliche Stunden später, eine halbe Stunde nach dem Verlassen des Kellers, in die Luft: Das Haus war von einer Zeitbombe getroffen worden.

Es würde den Rahmen des Themas sprengen, wenn ich diese letzten Stunden im Luftschutzkeller des Hauses Hansastraße 72 ausführlich schildern wollte. Was aber dazugehört, ist dies: Ich hatte das kleine Kind auf dem Schoß. Die Mutter ging, Vertrauen verbreitend, durch die beiden Räume. Disziplin einer Soldatentochter, dachte ich bewundernd, denn natürlich hatte sie ebensoviel Angst wie wir alle. Über uns die Gas- und Wasserrohre. Hin und wieder erzitterte alles, der Boden, die Wände, die Decken. Die Mutter verteilte Baldriantropfen. Hin und wieder ging sie in die Hauswartswohnung, wo, solange Telefon und Radio funktionierten, von irgendeiner Kommandostelle her Informationen ankamen.

Merkwürdigerweise hatte die weibliche Gefolgschaft des Führers, mit der wir die Wohnung geteilt haben, weder auf die »Abtrennung von den übrigen Bewohnern« geachtet noch darauf bestanden. Im Gegenteil: Sie schluckten Mutters Baldrian. Was mochten sie wohl dabei empfinden, sich von jemandem helfen zu lassen, den sie denunziert und ins Fuhlsbütteler Gefängnis gebracht hatten?

Plötzlich kam knapp die Anweisung, im Gänsemarsch durch einen engen Kellergang ins Freie und Richtung Hochallee zu laufen, ohne Gepäck! Schnell sollte es gehen. Warum, das haben nur der Hauswart und meine Mutter gewußt.

Jetzt unterbreche ich den einer solchen Studie angemessenen (möglichst) sachlichen Ton und erzähle, was sich im folgenden ereignet hat. Die ›Letzte Begegnung‹ meiner Eltern, von der kein Wort erfunden ist, habe ich bereits 1955 zur »Woche der Brüderlichkeit« in Freiburgs ›Badischer Zeitung‹ geschildert:

Während ich mit dem kleinen Kind auf dem Arm durch die Reihen brennender Häuser der Hansastraße lief, fragte ich mich: Was um Gottes willen ist mit dem Vater in der nahen (den Juden zugewiesenen) Dillstraße? Das ganze Viertel schien zu brennen. Und wo war Wolfgang?

Ich lief immer geradeaus, manchmal drehte ich mich nach der Mutter um. Sie blieb weiter zurück, weil sie sich abmühte, eine alte Frau zu stützen, die sich wimmernd an sie geklammert hatte. Vor den brennenden und rauchenden Häusern standen Männer in Overalls oder in der Uniform der Bereitschaftsdienste und machten Zeichen, in welcher Richtung wir laufen sollten; Worte hätte man nicht verstanden, so sehr tobten und zischten die orkanartigen Feuerstürme, heulten die Sirenen der Unfallwagen. Barbara sah ganz still mit ihren großen, blauen Augen in die brennende Luft. Aus allen Haustüren stürzten Leute und liefen mit. Wir kamen an Ingrids Haus vorbei, aber ich konnte nicht sehen, ob es brannte, wußte nicht, ob sie und ihr kleiner Kai noch dort waren.

Dann endlich Dunkelheit. Erschöpft blieb ich stehen. Bald kam auch die Mutter mit der alten Frau. Wir setzten uns auf den Vorsprung eines Gartenzauns. Hinter uns war ein schleierdünner Vorhang aus Asche, hoch in der Luft sahen wir nach links und rechts die Feuermeere. Dieses Eckhaus, so stellten wir fest, gehörte zur Hochallee, unserer früheren Heimat. Eine jüngere Frau kam auf uns zu, wir erkannten unsere Briefträgerin, Frau Schenk.

»Bei uns gibt's einen großen Keller mit Notausgängen«, sagte sie, »wir legen grad Matratzen aus. Ihnen geb' ich richtige Bettwäsche, und mein Badezimmer können Sie auch benutzen.« Hatten wir richtig gehört?

Der Keller war voller erschöpfter Gestalten. Manche wirkten wie erstarrt, manche schluchzten leise. Der Engel in Gestalt unserer Wirtin hatte uns in einen winzigen Nebenraum gewiesen, Bettwäsche gebracht, Brot und heißen »Ersatzkaffee«. Ruhig und bedachtsam kümmerte sie sich um alle. Irgend jemand sagte, er habe in der Ferne die Entwarnung gehört. Unsere Sirenen schwiegen, sie waren offenbar zerstört.

»Ich suche den Vater«, sagte ich, als die Mutter und Barbara versorgt waren, und ging in die Nacht. Die Dillstraße war nicht weit. Aber ich mußte Umwege machen, denn überall waren Hindernisse, Brände, Trümmer, Durcheinander. Die Angehörigen der »Herrenrasse« kamen in einem nahen Betonbunker unter – dessen Betreten den Juden versagt war. Sie mußten in die Heizungskeller ihrer sehr alten Häuser gehen. Nicht etwa zu ihrem eigenen Schutz! Es hieß, sie hätten ihre Wohnungen zu verlassen, damit sie den feindlichen Flugzeugen keine Lichtsignale geben könnten!

Die Dillstraße war abgesperrt. Ich hörte die Rufe der Löschmannschaften, Feuerwehrwagen kamen heulend angerast, niemandem gelang es, in die Straße hineinzukommen. Es stehen alle Häuser, sagte man – und das mußte mir genügen.

Frau Schenk stand übernächtigt vor der Tür, als ich zurückkam. »Wo waren Sie denn nach all der Aufregung um Himmels willen?« Ich lehnte mich neben sie an die Wand. »Ich habe meinen Vater gesucht. Er wohnt in der ... in der Nähe. Meine Eltern sind geschieden, aber sie haben ein freundschaftliches Verhältnis zueinander.« – »Sie müssen sich ausruhen«, sagte Frau Schenk. »Sie haben jetzt viel Verantwortung.« Irrte ich mich, als ich etwas Besonderes heraushörte? »Und morgen früh holen Sie den Vater einfach her, dann braucht ihr euch nicht so beunruhigen.«

Ich glaube, mir wurde ganz elend bei diesem tröstlichen Vorschlag. Aber – konnten wir das riskieren? Jetzt hatte die Gestapo vermutlich anderes zu tun, als auf unseren Spuren zu wandeln und zu lauern; sie, die Spuren, waren für den Moment in Rauch aufgegangen, könnte man sagen ... Andererseits: Wenn uns jemand im Keller erkennen würde? War dort jemand aus dem Altersheim gelandet?

Frau Schenk konnte Gedanken lesen. »Ihr seid doch im Nebenraum. Da stell ich noch ein Luftschutzbett auf, basta. Also los, gehen Sie schlafen.« – »Um Gottes willen«, sagte die Mutter, als ich mit der herrlichen Nachricht zu ihr kam. »Ist das auch keine Falle?«

Nur nicht anfangen zu weinen, dachte ich. Wenn ich jetzt weinen würde, würde ich nicht wieder aufhören. Wir hatten kein Zuhause mehr. Nicht weinen.

»Sieh dir die Frau Schenk doch an«, sagte ich. Zwar, nach dem freundlichen Aussehen zu urteilen, war inzwischen gegen jede menschliche Erfahrung, wie wir wußten. Auch diejenigen, die alles das Unsägliche gegen uns erdachten und in Gesetze faßten, waren freundlich gegen ihre Familien und Freunde, fütterten ihre Kanarienvögel, streichelten ihre Hunde und spielten Bach oder Brahms – nur natürlich nicht mehr Mendelssohn.

Im Haus, in dem mein Vater wohnte, waren nur die Fensterscheiben vom Luftdruck zerbrochen. Von Decken und Wänden war der Kalk heruntergekommen, und auf den Zeitungsmassen und Möbeln im Zimmer lag eine feine Staubschicht. Endlich konnte ich mir die Tränen der Erschöpfung, Erleichterung und Entspannung einen Augenblick lang erlauben.

»Der Luftschutzwart hat mich gelobt«, sagte mein Vater, der »Konsulent«, und brachte ein kleines Lächeln zustande, »ich war nämlich auf dem Dach und hab' gelöscht.« – »Du großer Gott!« – »Na hör' mal, ich war ja mal Vizewachtmeister und an der Front.« – »In der Tat! Da wolltest du also deinem Vaterland den Dank dafür abstatten, daß du aus dem *Judenkeller* aufs *arische* Dach steigen durftest!« – »Es war ein solches Durcheinander, daß sie alle ganz nett zu uns waren.« – Das war wirklich der Gipfel der gütigen Naivität!

Ich erzählte von Frau Schenk und ihrem Vorschlag. »Ist das keine Falle?« fragte auch der Vater. »Ich glaub' nicht. Endlich mal wieder wir alle zusammen ... wenn nur auch Wolfgang käme!«

Er würde vor den Trümmern der Hansastraße 72 stehen und das Schlimmste annehmen. Und hier in der Dillstraße durften wir nur ein Lebenszeichen hinterlassen, nicht aber ein Ziel angeben. »Ich sag bei der ›kleinen Inge‹ und im Büro, wo wir sind«, sagte ich, in der Hoffnung, an beiden Stellen sei nichts passiert.

Bei der »kleinen Inge« traf ich dann wirklich den geschockten Wolfgang, der bei Freunden übernachtet hatte. Er war nun überglücklich, da er voll schrecklicher Angst vor den Trümmern des Hauses in der Hansastraße gestanden hatte.

Niemand achtete darauf, als wir schnell durch Frau Schenks Keller in den Nebenraum gingen. »Ich hab dir Zigaretten mitgebracht«, sagte der Vater zu seiner geschiedenen Frau, als habe man sich erst heute morgen und nicht so gewaltsam vor zwei Jahren im Gebäude der Gestapo getrennt.

Er spielte die ganze Zeit über mit Barbara. Aus seiner Aktentasche holte er ein paar Kekse und für mich ein Mini-Kognakfläschchen. Wer über die reduzierten Rationen der Juden nicht Bescheid wußte, konnte auch nicht ermessen, was es bedeutete, daß er für uns immer noch irgendeine Kleinigkeit parat hatte ...

Wenn ich mir einen etwas bewegt formulierten Schluß für diese letzte Begegnung meiner Eltern erlauben darf, möchte ich das so ausdrücken: Von ihnen schien alle Entfremdung abgefallen zu sein, es gab kein Gestern, und es würde kein Morgen geben – es gab nur das Hier und Jetzt, das sie freundlich empfanden in diesem kleinen, dumpfen Raum, der fast nur durch eine Kerze erhellt war, die ein wenig sauerstoffarm flackerte, und in den noch einmal das Licht einer schönen und liebevollen Vergangenheit fiel – bevor es ganz verlöschen mußte.

Tags darauf holte mein Chef Rolf Sommer uns alle in sein Alsterdorfer Haus und brachte die Mutter, Barbara und mich von dort aus im Auto nach Lübeck, wo wir in einen Zug Richtung Süddeutschland stiegen. Die Freundin Olli hatte uns über die »kleine Inge« telefonisch erreicht und uns eine Bleibe in ihrem Häuschen auf dem

»Rothof« im breisgauischen Staufen angeboten, wo es noch ruhig war.

Wolfgang blieb in Hamburg bei seiner Freundin und späteren Frau – und damit auch in der Nähe des Vaters, der zurückging in die Unerbittlichkeit der Ghettostraße. Es war typisch für den Frontkämpfer Felix Hecht, daß er sich weigerte, falsche Papiere zu benutzen und die Stadt zu verlassen; keine Behörde hätte damals irgend etwas nachprüfen können, einstweilen jedenfalls. Er hatte unseretwegen wahnsinnige Angst vor der *Sippenhaft*.

Mein Bruder und ich haben damit fertig zu werden, daß wir ihn nicht dazu gezwungen, ihm dabei nicht hilfreich zur Seite gestanden haben – wie Ingrid, die es geschafft hatte, daß ihre Mutter als eine »Frau Meier« überlebte ... Übrigens haben sich auch, wann immer es ging, Wolfgangs spätere Schwiegereltern mutig um unseren nach unserer Abreise so einsamen Vater gekümmert.

Als ich nach dem Krieg von Staufen aus nach Hamburg zum Bruder fuhr, besuchte ich sofort Frau Schenk. Es stellte sich heraus, daß sie alles über uns gewußt hatte. »Ich habe nämlich die Post auch in der Dillstraße ausgetragen«, sagte sie, »darum der Nebenraum, als Sie zufällig bei mir landeten.«

Ich stand starr vor Dankbarkeit und Bewunderung. »Hatten Sie denn keine Angst, uns so zu helfen?« – »Ich glaube nicht«, sagte Frau Schenk, »es ging ja alles drunter und drüber. Und wenn ich Angst gehabt hätte – was wäre das für eine Angst gewesen gegen die Ihre?«

Die Kriegsjahre (1943–1945)

18.12.43: *Jüdische Ehepartner von nicht mehr bestehenden Mischehen (bisher befreit vom Tragen des Judensterns), sowie Geltungsjuden sollen nach Theresienstadt geschickt werden. (S. 401)*

Ich pendelte noch eine Zeitlang zwischen Staufen und Hamburg hin und her, bis Rolf Sommer seine Firma aus der geschundenen Stadt Hamburg ins Fichtelgebirge verlegte, nach Marktredwitz. Er wollte mich wissen lassen, wann dem Unternehmen genug Wohnraum zugeteilt worden war, um mich nachkommen zu lassen. Statt dessen kam ein Brief:

»16. 10. 43 ... ich muß Ihnen heute zu meinem Bedauern mitteilen, daß ich Sie vorläufig nicht beschäftigen kann. Die Gründe hierfür kann ich Ihnen nur mündlich mitteilen ...«

Den gleichen Brief hatte auch Dr. Pschorr erhalten. Sommers Naziprokurist hatte seinen bisher unterschwelligen Druck nun massiver ausgeübt.

Also war ich arbeitslos. – Der Staufener Bürgermeister Ilch fragte wenig. Obgleich er Parteigenosse war, ließ er mich auf meine Bitten hin Schreibarbeiten im Rathaus machen. Man kannte mich dort, denn ich hatte mir immer mal die vom Ratsschreiber Dufner betreuten alten ›Staufener Wochenblätter‹ aus dem Archiv ausgeliehen, in denen Beiträge zur Stadtgeschichte gesammelt waren, die mir halfen, meine neue Wahlheimat kennenzulernen.

Über einige Umwege wurde dann im alten Kornhaus auf dem Marktplatz ein großer Raum, aus dem wir durch die Plazierung unserer Schränke zwei machten, unser Refugium. Es gab zwar kein Wasser – wir holten es vor dem Seiteneingang aus einem Brunnen in der Freihofgasse –, aber es gab zwei schöne alte Kachelöfen. Auf dem »Rothof« hatte die Mutter gelernt, kleine eiserne Öfen zu heizen, aber Kachelöfen? Die uns zustehende Holzration, Ster genannt, wurde in der engen Freihofgasse abgeladen; das Holz mußte gehackt und hinaufgetragen werden. Einen Hackklotz gab es auf der Marktplatzseite. Meine mit Galgenhumor begonnenen Versuche mußten so bemitleidenswert gewirkt haben, daß Ratsschreiber Emil Gutmann das vergebliche Bemühen abstellte: Er löste kurzerhand das Problem, indem er unser Holz hackte und uns auch das richtige Heizen beibrachte. In der obersten Rathausetage wohnte der Ortsgruppenleiter. Er konnte also sehen, was sich so tat auf dem mittelalterlichen Marktplatz. Und eines Tages sprach er zum Herrn Ratsschreiber Gutmann die geflügelten Worte: »Mit einer parteieigenen Axt hackt ein deutscher Mann und PG Holz für eine *Jüdin*.«

Glücklicherweise ist der Ortsgruppenleiter, was uns anging, immer nur verbal aktiv geworden. Zum Beispiel bei Fräulein Gysler, Besitzerin des schönen, nach Peter Thumbs Plänen erbauten »Freihofes«, dem Kornhaus gegenüber. Sie nahm das einstige Asylrecht dieses Hofes immer noch ernst und bot uns ihre sicheren Kellergewölbe an; denn immer öfter überflogen Jagdbomber das kleine Staufen. Der mit den Erlassen offenbar vertraute Ortsgruppenleiter wollte mich von dieser Schutzaktion ausgeschlossen wissen. Aber mit diesem Ansinnen hatte er bei ihr kein Glück. Sie sei, so sagte sie ihm, eine loyale Deutsche, was für sie aber nicht identisch sei mit Unmenschlichkeit. Von dieser tapferen Zurechtweisung habe ich erst viel später erfahren.

Über die Behandlung von *Mischlingen* waren schon 1935 bei den Verantwortlichen Gegensätze aufgetreten; man war hinsichtlich ihrer Einordnung in die Wertskala rassischer Vorstellungen unentschieden – womit sich wohl auch erklären läßt, daß man mich wegen Barbaras Geburt nicht verfolgt hat. Mit der Zeit aber waren die

Auslegungen immer härter und gefährlicher geworden, und seit dem Ende dieses Jahres 1943 lag auch für die Partner in *Mischehen* und für uns, ihre Kinder, Schlimmstes in der Luft. Den *arischen* Staufener Bankdirektor Alois Schnorr (er wurde später Finanzminister des kleinen Staates Baden) hat man noch kurz vor Kriegsende verhaftet; seine jüdische Frau haben Freunde versteckt. Seine *Mischlingskinder* wurden vom Lehrer F., dem besagten Ortsgruppenleiter, auf dem Schulhof isoliert!

In Hamburg ging der Vater hin und wieder aufs honduranische Konsulat – sicher bereits ohne Hoffnung und nur noch mit halbem Herzen –, um nachzufragen, wie es mit der Einwanderungsquote stünde.

Am 18. Januar 1944 gab er meinem Bruder eine Postkarte, handgeschrieben: »Hiermit erteile ich meinem Sohn Wolfgang Hecht, Hamburg 13 ... Generalvollmacht. Diese berechtigt ihn, für mich alle erforderlichen Maßnahmen zu treffen. Sie soll durch meinen Tod nicht erlöschen. Dr. Felix Israel Hecht.« Er hatte seine berüchtigte »Aufforderung« erhalten.

Uns benachrichtigten die beiden nicht. Erst als der schreckliche Zug abgefahren war, rief Wolfgang uns in Staufen an. Er habe am frühen Morgen den Vater in die Talmud-Tora-Schule am Grindelhof gebracht. Es war der fünfzehnte Transport, der von Hamburg fortging – diesmal nach Theresienstadt. Einundsechzig Hamburger Leidensgenossen waren dabei.

Niemals vor 1942 hatten wir von diesem Ort gehört, den wir nun aus unserem Gedächtnis nicht mehr würden streichen können. Und erst jetzt habe ich den Mut gefunden, mich mit dieser Stadt näher zu befassen: eine weiland k. u. k.-Festungsstadt in der Tschechoslowakei, südlich des böhmischen Mittelgebirges – und auch an der Elbe.

5. 4. 42: *Die niederrheinischen Polizeipräsidenten, Landräte und Bürgermeister werden angewiesen, in den Melderegistern nicht den Zielort der Transporte, sondern lediglich den Vermerk »unbekannt verzogen« bzw. »ausgewandert« einzutragen. (S. 369)*

Diese ungeheuerliche, aber durchaus folgerichtige Anordnung galt wohl auch für die nach Theresienstadt Deportierten – aber von dort bekamen wir Angehörigen wenigstens Nachricht. Denn mit diesem Deportationsort versuchten die Nazis, Humanität gegen die Juden vorzutäuschen, nicht zuletzt dem Ausland gegenüber. (Man ließ ausländische Deputationen zu – wie solche Besuche aber vorbereitet wurden, spottet selbst Potemkinscher Beschreibungen!)

Die erste Karte des Vaters kam noch aus Berlin: »Liebe Kinder, bis jetzt verlief alles normal, wir werden gegen 7 Uhr ankommen und müssen dann weitersehen.« In Theresienstadt traf er seine Schwester Alice, die mit den von ihr betreuten Insassen des Berliner Altersheimes schon 1942 nach dort gekommen war.

Die Stadt war noch in Planquadrate eingeteilt. Später entstanden Straßennamen, so daß aus Vaters L 6 die Wallstraße, aus der L 3 die Lange Straße wurde. Niemand durfte, damit sich ja nicht ein Schein von Ruhe entwikkeln konnte, länger an einem Ort »wohnen«. Meist waren die kahlen, kalten Kasernenräume vollgestopft mit Menschen, die jeweils soviel Platz hatten, wie sie für ihre Statur brauchten. Die Grenzen solcher »Ubikationen« wurden von ihren Besitztümern markiert, also einem Koffer und Kleiderhaufen.

Für sehr alte Menschen, die einst in ihrem sie nun verleugnenden Vaterland eine besondere Rolle gespielt hatten, als Gelehrte meist, gab es etwas mehr Platz in den sogenannten »Prominentenhäusern«. Da »lebten« mehrere Personen zusammen in einem geräumigeren Zimmer.

Obgleich »Geld- und Geschenksendungen jeder Art an Deportierte verboten« waren, konnte man wenigstens nach Theresienstadt manches schicken. Aber unsere Pakete waren armselig genug. Die vorgedruckten Antwortkarten waren lapidar: »Theresienstadt am ... 1944: Ich bestätige dankend den Empfang Deines (Ihres) Paketes vom ... 1944. Unterschrift.«

Erlaubt war, daß man voransetzte: »Meine Lieben« (oder ähnliches) oder zum Schluß etwas bemerkte: »Ich bin wohl, die Kartoffeln und Marmelade haben fabelhaft geschmeckt.« Oder: »Daß ihr Schuhcreme und Schnürsenkel beigelegt habt, war sehr vernünftig.« Das waren übrigens Signale, SOS-Rufe. Sofort schickten wir Kartoffeln und Marmelade, Schuhcreme und Schnürsenkel. Da das Gewicht limitiert war, waren zum Beispiel die Kartoffelpakete ein makaberer Witz – und dennoch lebenswichtig. Hin und wieder unterschrieb der Vater mit anderen Namen, dann wußten wir, daß jemand, der keine Angehörigen mehr besaß, ihm die erlaubte Monats-Post-Ration überlassen hatte. Manchmal durften längere Texte geschrieben werden.

»Am 1. Juni 1944 ... vor allem danke ich Euch für die in letzter Zeit fast täglich ankommenden Päckchen, der Inhalt, vor allem Haferflocken und Zwiebeln, haben mich sehr gefreut, sie sind gut angekommen, weil sie gut verpackt und verschnürt waren. Daß Bärbelchen so gute Fortschritte macht und beliebt ist, kann ich mir denken. Inge kann ihrem Brief ruhig Bildchen vom Kind beifügen, da sie im August 3 Jahre alt wird, muß sie doch ein anderes Gesichtchen bekommen haben ...«

Unter dem Namen Lutz Helischkowsky kam am 14. Juli 1944 eine Karte:

»... Wolfgangs Postsendungen mit Schmalz und Gemüsekonserven sind gut angekommen. Tante Alice kocht uns alles sehr schön. Sie arbeitet noch immer beim Gesundheitswesen, wie auch Pappi als Jurist, er hat dazu noch die Verwaltung einer Bibliothek übernommen, was ihm, wie ihr wißt, sehr liegt und besonderes Vergnügen macht. Das Wetter ist meist sonnig. Wir hörten außer ›Tosca‹ ... noch die Generalprobe von ›Cyrano de Bergerac‹ und ein schönes Mozart-Klavier-Konzert, ferner einige Szenen aus Ibsens ›Nora‹ und ›Frau vom Meer‹ ...«

Manchmal ließ man sich aus einer Art Selbstschutz heraus von solchen fabelhaften Nachrichten einlullen. Konzerte? Musik? Theater? – In Käthe Starkes Buch über Theresienstadt findet sich die Aufklärung: Was da an Veranstaltungen genannt wurde, Freizeitgestaltung von Menschen in hoffnungsloser Isolation, die die Hoffnung indessen nicht aufgeben wollten – das waren meist nur literarische Erinnerungen, mühsam zusammengebastelt aus den Koffern der Gelehrten, die statt des Praktischen für den Alltag lieber Bücher eingepackt hatten; oder man suchte in den Bibliotheken, deren es mehrere gab, nach Musik- und Theaterstücken. So handelte es sich beim ›Cyrano‹ um eine Lesung mit verteilten Rollen, die übrigens aus »verschiedenen Theresienstädter Gründen« über die Generalprobe nicht mehr hinausgekommen ist.

Die Postkarten schickte Wolfgang uns in geschlossenen Briefumschlägen, den Theresienstädter Absender wagten wir hier nicht bekanntwerden zu lassen. Zunächst glaubten wir naiverweise, man würde von unseren persönlichen Umständen hier auch nie erfahren. Jetzt erst weiß ich, wieso unsere Personalien so schnell an die Lörracher Gestapo geraten konnten; denn schon am 6. 9. 1935 gab es in Baden diesen Erlaß:

6. 9. 35: *Es ist eine Judenkartei anzulegen, die alle Juden in Deutschland umfaßt. (S. 126)*

Es war also ein Kinderspiel, uns zu identifizieren, zumal am 6. 11. 40 die Staatspolizei Karlsruhe ergänzend verlangt hatte:

6. 11. 40: *Bei den Dienststellen der geheimen Staatspolizei wird die Führung einer Juden- und Mischlingskartei angeordnet. (Drei Karteien: Volljuden, Mischlinge ersten Grades, deutschblütige Personen, die der jüdischen Religion angehören.) (S. 329)*

Ich sagte schon, daß wir erst nach einigen Umwegen in Staufen eine Unterkunft fanden, in der wir tun konnten, was uns beliebte – im Kornhaus. Das war vorher durchaus nicht so gewesen, wir hatten vielfältige Rücksichten zu nehmen auf eine Wirtin, die die Mutter und Barbara herunter in den Ort geholt und damit befreit hatte von der Beschwernis eines zu langen, bergigen Weges von dem einsam auf der Höhe liegenden »Rothof«. Daß sie uns aufgenommen hat, zeugte von einer politischen Tapferkeit, die wir ihr nicht vergessen werden. Dafür mußten wir andere Schwierigkeiten in Kauf nehmen, die es notwendig machten, irgendwo im Freien eine Sommerbleibe zu finden. Die freundliche Familie Bob stellte uns ihr Tennishäuschen am Schwimmbad zur Verfügung, mitten im Grün des Etzenbachtals. Das Häuschen bestand aus einem kleinen ovalen Raum und – einem Keller. Lange erregten wir die Heiterkeit der Staufener, wenn wir beim ersten Fliegergeräusch dort unten verschwanden, obgleich uns klar war, daß dieser kleine Aufbewahrungsort für Tennisschläger höchstens Splitterschutz bieten würde. Erst seit dem 8. Februar 1945, als das Städtchen einen verheerenden Jagdbomber-Angriff erleben mußte, hörte man auf, über uns zu lachen.

Im Häuschen malte ich meine Kacheln und Lesezeichen, die Mutter bastelte etwas amorphe Kriegspuppen aus alten Strümpfen und bunten Stoffresten; alles wurde zu jener Zeit abgekauft, und in Freiburg hatte ich eine liebenswürdige Stammkundschaft in den Papiergeschäften, die keine Füllfederhalter und kein Briefpapier mehr anzubieten hatten.

Wir fühlten uns hier im Etzenbachtal und im Schatten des Belchen wohl. Wir kamen aus der Großstadt und atmeten nun bewußt und dankbar die Schwarzwaldluft. Eines Tages aber sah uns der Ortsgruppenleiter; er hatte in der Nähe seine Bienenstöcke, und seine Art, zu uns herüberzusehen, ließ uns erschrecken. »Er hat den Bösen Blick«, sagte ich. Wie recht wir hatten! Freundliche Leute legten uns nahe, ihn nicht zu reizen mit der Zurschaustellung unserer heiteren Freiheit. Du liebe Güte! Es war gut, daß wir ins Kornhaus ziehen konnten!

Das war übrigens um die Zeit, als aus Theresienstadt die »Septembertransporte« abgingen, nach Auschwitz. Aber das wußten wir damals noch nicht. Wir fragten uns nur sehr verzweifelt, wieso plötzlich die Karten nicht mehr kamen.

Am 5. April 1944 wurde mein Bruder Wolfgang zur Zwangsarbeit dienstverpflichtet.

Das Amt für Wiedergutmachung in Hamburg hat später, am 10. Oktober 1950, abgelehnt, die gesetzliche Haftentschädigung zu bezahlen: Eine »haftgleiche Freiheitsentziehung sei nicht feststellbar«. Dazu schrieb Wolfgang am 28. März 1951 an Herbert Samuel, der ihn vertrat: »Es ist doch, abgesehen von der sehr fadenscheinigen Begründung, nicht gerechtfertigt und von den Gesetzgebern auch nicht beabsichtigt, mir meinen Antrag abzulehnen und verschiedenen meiner Bekannten, die mit mir im selben Trupp gearbeitet haben, die Forderungen anzuerkennen. Mir ist bekannt, daß Gerichte an verschiedenen Orten in der gleichen Angelegenheit entgegengesetzt entschieden haben. Ich bin aber der Ansicht, daß bei diesen Wiedergutmachungsfällen solche Dinge nicht geschehen dürfen.«

Wir haben uns während der langjährigen Wiedergutmachungsaktionen immer wieder gefragt, wo und wie die zur Entscheidung berechtigten Beamten – hier ein sicher jüngerer Regierungs-Assessor P. – während des Dritten Reiches eigentlich gelebt haben ... Der Bescheid wurde revidiert, nachdem Wolfgang am 26. November 1951 seinen Erlebnisbericht vorgelegt hatte (ich lasse die Namen weg):

»... Es handelte sich bei unserer sogenannten Dienstverpflichtung zur Zwangsarbeit um eine reine Vernichtungsaktion, wie aus den Akten des Reichs-Sicherheits-Hauptamtes Berlin einwandfrei hervorgeht ... Jeden Morgen hatten wir uns in der Turnhalle in Altona einzufinden und wurden von den Einsatzleitern v. H. und B. eingeteilt. Ich gehörte zum Kreis 7. Nach dem morgendlichen Antreten ... wurden wir zur Arbeit eingeteilt und mußten truppweise, teilweise unter Bewachung uniformierter SA-Leute, zum Arbeitsplatz marschieren. Unsere Arbeit bestand durchweg aus schwerer körperlicher Betätigung – was für mich und viele meiner Freunde völlig ungewohnt war. Ich war aus meinem Lehrbetrieb, der Firma Glasmanufaktur Paul Besser, Altona, verpflichtet worden, wo ich als kaufmännischer Angestellter arbeitete. Wir hatten niedrigsten Arbeitslohn (Tarif des ungelernten Arbeiters) und weder Anspruch auf ... Urlaub oder Unfallschutz ... noch auf Freizeit. Tag und Nacht mußten wir erreichbar sein und nach jedem Angriff auf Hamburg hatten wir uns sofort in Altona einzufinden, gleichgültig ob nachts oder sonntags. Ich war viele Sonntage im Einsatz und habe folgende Arbeiten ausgeführt: Eisenträger geborgen, Häuser abgerissen, Leichen geborgen, Möbel und Gebrauchsgegenstände aus den getroffenen Häusern geholt. Lichtleitungen gezogen, Wasserrohre geflickt; bei Schnee und Regen Bombentrichter abgestützt, um die Rohre freizulegen; zerbombte Maschinen geborgen, Hauswände abgestützt (unter Lebensgefahr, da wir fast alle keine Ahnung hatten, wo Träger oder Maschinen angepackt werden mußten, um sie, ohne daß Schutt nachrutschte, zu bergen). Kohlen geschaufelt, Ascheimer entleert und mit ... Kriegsgefangenen und KZ-Häftlingen Panzergräben gebaut.

Zur Anschaulichkeit unserer Unsicherheit möchte ich folgenden tragischen Glücksfall schildern: Wir waren mit einem Trupp von etwa 10 Deutschen und 60 italienischen Kriegsgefangenen zum Bau von Panzergräben kurz hinter Harburg eingesetzt. Fünf meiner Kameraden waren völlig verstört, da sie urplötzlich eine Aufforderung bekommen hatten, sich am nächsten Tag in einem Lager in Harburg-Wilhelmsburg einzufinden, das unter der Leitung eines damals berüchtigten SS-Kommandanten stand. Wir waren völlig ratlos, denn das bedeutete Kasernierung. Gegen Mittag wurde plötzlich ein schwerer Luftangriff auf Harburg geflogen. Da wir mit den Gefangenen nicht in einem Luftschutzraum unterkamen, lagen wir während des ganzen Angriffes auf freiem Feld zwischen zwei später zertrümmerten Flak-Batterien. Wir kamen dann nach stundenlangem Fußmarsch wieder am Einsatzplatz an und hatten Gelegenheit festzustellen, daß auch das bewußte Lager bei diesem Angriff zerstört worden war...

U.a. habe ich mir eine Sehnenscheidenentzündung an der rechten Hand zugezogen, als Folge des ungewohnten

Hebens schwerer Gegenstände. Nach 14 Tagen wurde ich wieder herangeholt und kurze Zeit darauf zum Kreis 1 versetzt. Ich mußte nunmehr jeden Morgen auf dem Hegeplatz in Eppendorf antreten, unter der Leitung des Plattensetzers G. Die Arbeit war anfangs die gleiche wie bisher, später hatten wir uns teilweise im Kriegsgefangenenlager Groß-Borstel einzufinden, wo wir mit polnischen Kriegsgefangenen zusammen eingesetzt wurden. Die Arbeit war hier größtenteils noch gefährlicher als im Kreis 7, da wir während der schweren Angriffe in Harburg-Wilhelmsburg eingesetzt wurden und uns bei Voralarm noch nicht in den Bunker begeben durften. Da unsere Arbeitsplätze aber meist 15 bis 20 Minuten von den Bunkern entfernt lagen, gerieten wir fast immer in die Angriffe hinein. Mir ist es mehrmals begegnet, daß uns die Luftschutzwarte wegen der polnischen Gefangenen nicht in die Bunker lassen wollten, und gerade bei dem Hochbunker in Wilhelmsburg sind wir oft erst während der Panik, die beim Abwurf der ersten Bomben entstand, hineingelaufen.

Ich war teilweise 24 Stunden bei nur zweistündiger Pause in Harburg eingesetzt, wo wir trotz dauernder Explosionen der um die Ölraffinerien herum liegenden Blindgänger Schienen reparieren mußten ... Zum Straßenfegen und Ascheimerleeren mußten wir uns zu einem bei der Haynstraße gelegenen Platz begeben, wo wir den Arbeitern des Staatlichen Reinigungswesens zugeteilt wurden. Abgesehen von einigen Einsätzen, in denen wir wirklich Menschen helfen konnten, sie aus verschütteten Kellern freizugraben oder ihr Gut zu bergen, war die ganze Dienstverpflichtung eine reine Schikane, und wir waren machtlos gegen die immer wieder zu hörenden Äußerungen unserer Aufseher: ›Ich bring Ihnen dahin, wo Sie gehören.‹

Am 24. April 1945 wurden wir entlassen ... Ich habe diese Zeit schwerer körperlicher Arbeit bis auf eine Verschlimmerung einer Knieverletzung relativ gut überstanden – der dauernde seelische Druck und die Ungewißheit waren für mich das Schlimmste ...«

Die Knieverletzung macht meinem Bruder bis zum heutigen Tag gravierend zu schaffen. Zum Beispiel sollte er nach einem »kleinen« Herzinfarkt sehr viel spazierengehen; er kann das nicht.

Auch unser Anwalt-Freund Herbert Samuel war mit Wolfgang im Einsatz und spätestens dort sind sich auch Ralph Giordano und Wolfgang – beide Jahrgang 1923 – begegnet. Wie Wolfgang schildert er das Treffen am Hegestieg, schildert Herbert als »einst prominenten Rechtsanwalt der Freien und Hansestadt Hamburg«, der die Anwesenden um Disziplin bat und darum, »allen Anordnungen der obergeordneten Behörde zu folgen«.

Als Herbert Samuel am 16. April 1982 hochgeachtet starb, schrieb mir Wolfgang, der nach Lateinamerika ausgewandert ist: »... ein Bindeglied zur Vergangenheit und einer der letzten, die das Schicksal unserer Familie von früh auf gekannt und begleitet haben ... Wenn unser Einsatzleiter uns morgens mit ›Heil Hitler‹ begrüßte, hörte man Sammis einsame Stimme ›Schönen guten Morgen‹ antworten ...«

Wolfgang wurde am 2. Januar 1952 als Haftentschädigung DM 1800,– zugesprochen, das war als Lohn der Angst DM 150,– für den Monat.

Am 7. Februar 1945 mußte ich mich plötzlich – während das Krankenhaus von Tieffliegern bedroht war – einer Operation unterziehen; sehr geschwächt wurde ich aus mancherlei naheliegenden Gründen viel zu früh nach Hause entlassen. Am 8. Februar war die kleine Stadt Staufen einem schweren Bombenangriff ausgesetzt gewesen, hatte achtzig Mitbürger verloren und fast vierzig Häuser. Im Kornhaus waren die Fensterscheiben zersprungen, Bücherborde umgekippt. Alles war voller Staub – wie gehabt! Meine Mutter – sie hatte eine schwere Bronchitis, um die sie sich nicht hatte kümmern können – war mit dem Kind meist im Gyslerschen Keller im »Freihof«, die Nachbarn hatten für sie mitgekocht. Es war eine schlimme Situation.

An diesem ersten Abend kam der Gestapomann aus Lörrach. Es war schon dunkel, als wir seine schweren Stiefel auf der Treppe hörten. Er klopfte laut, fragte nach mir. Die Mutter wankte, stützte sich an der Wand ab; ihre Erinnerungen an Hamburg-Fuhlsbüttel kamen auf. Ich konnte noch nicht wieder gerade stehen und schon gar nicht laufen. Er sagte, ich sei dienstverpflichtet. Aber er sah meinen Zustand, zudem hatte ich eine Bescheinigung vom Krankenhaus, daß ich viel zu früh hätte entlassen werden müssen.

»Ich komme wieder«, sagte er. »Wieso eigentlich«, fragte ich, »ich stamme aus einer *privilegierten Mischehe* und bin *halbarisch?«* Sein Blick war so unvergeßlich wie seine Antwort. *»Halbarisch? Halbjüdisch.* Dasselbe wie *jüdisch.* Juden und Neger, für mich dasselbe.« Und dann: »Ich werde Sie in drei Wochen nach Lörrach bestellen.« Er ging.

»Die Zigeuner hat er vergessen«, sagte ich. Denn als Ausführung zum »Blutschutzgesetz« war bestimmt worden:

19. 12. 35: *Als fremde Rassen in Europa werden nur die Juden und die Zigeuner angesehen. (S. 146)*

Die unmittelbare Angst war uns also nach Staufen gefolgt. Ratschreiber Dufner sagte am Tag darauf, der Gestapomann sei schon mal dagewesen. »Ich hab mich aber dumm gestellt.«

Viel zu schwach, um abzureisen und mich in Hamburg den Lörrachern zu entziehen, hatte ich auch Angst vor der *Sippenhaft;* ich konnte die Mutter und mein Kind nicht den Barbaren überlassen, und also blieb ich. Und nach drei Wochen hatten die Herren von der Lörracher Gestapo bereits andere Sorgen. Vermutlich vernichteten sie Akten. Wie in Hamburg.

Am 23. April 1945, dem 45. Geburtstag der Mutter, kamen die Franzosen nach Staufen. – Von diesem Tag an konnten die unsichtbaren Mauern, die zwischen uns und »den anderen« aufgerichtet worden waren, langsam wieder abgetragen werden.

Aber leicht war das nicht.

Auch die »kleine Inge« blieb bis zum Schluß von der Angst nicht verschont. Sie erzählt:

»Juli 1944, kurz vor der Geburt meines Sohnes Thomas im August. Ich höre am 20. vom Attentat auf Hitler, und ein paar Stunden lang habe ich die Hoffnung, daß nun, wenn das Kind kommt, alles ausgestanden ist ... Aber es ging weiter.

Nach der Geburt in der Klinik hatte ich jeden Tag Angst vor der Frage: Wer ist der Vater? Warum sind Sie nicht verheiratet? Aber die Diakonissinnen im Bethesda fragen gar nichts, behandeln mich wohltuend nett und diskret.

Unter den vielen Problemen, die auf mich warten, war eines lebensgefährlich: Bei der standesamtlichen Anmeldung des Kindes mußte ich meine Geburtsurkunde vorzeigen. Ich galt nicht als *Mischling ersten Grades,* sondern als *Geltungsjüdin,* da meine Mutter bei der Heirat zum mosaischen Glauben übergetreten war. Das ging aus dem Geburtsschein hervor.

Dem Gesetz nach müßte ich einen Stern tragen und würde nach Theresienstadt verschickt. Bisher war das aus irgendeinem Grund nicht bekannt geworden, denn der ›Rasse‹ nach unterschied ich mich ja nicht von den sogenannten *privilegierten Mischlingen*, zumal ich ja mit der ›großen Inge‹ 1938 getauft worden war. Man stellte mir jetzt eine ›letzte Aufforderung‹ zur Anmeldung des Kindes zu, und Anfang Februar ging ich aufs Standesamt. Ich behauptete, meine Geburtsurkunde sei bei dem Bombenangriff verloren gegangen; das war gewagt, denn wir waren gar nicht ausgebombt. Der Standesbeamte war freundlich und notierte sich meine (falschen) Angaben. Vierzehn Tage später kam eine Aufforderung der Gestapo, ich möge meinen *Ariernachweis* bringen. Ich kam ins Zimmer, die Beamtin, die mich empfing, wurde kurz herausgerufen; mir gelang ein Blick in die aufgeschlagene Akte: Der ›freundliche‹ Standesbeamte hatte Meldung gemacht, er hatte in seinen Unterlagen nachgeschlagen. Man sagte mir nur kurz, ich sei ja *Geltungsjüdin*, wüßte ja, was das bedeute und bekäme Bescheid. Der Bescheid hätte nur eine Deportationsaufforderung sein können! Ich nahm mir vor, dann mit dem Kind zu fliehen, den Alliierten entgegen ... das wäre schrecklich gewesen. Doch ich hatte den ganzen Vorgang gerade lange genug hinausgezögert, denn Ende Februar begann die Gestapo in Hamburg damit, Akten zu vernichten. Die Engländer waren schon sehr nahe, und so blieb meinem Kind und mir dieses schreckliche Schicksal erspart, das noch kurz vor dem Schluß der Naziherrschaft so viele *Mischlinge* ereilt hat.«

Nachher

Die Rechtsnachfolger der Nationalsozialisten taten sich ein wenig schwer mit uns. Noch schwerer hatten wir es mit ihnen.

In Hamburg waren die Engländer, in Staufen die Franzosen eingezogen.

Während Wolfgang seine Wohnung in Harvestehude von der Beschlagnahme nicht hatte befreien können – man requirierte dort ja ganze Straßenzüge oder Viertel –, war mit der französischen Besatzungsmacht durchaus zu reden. Die größte Schwierigkeit, mit der wir eine Zeitlang zu rechnen hatten, war die Anweisung, nach Hamburg zurückzukehren. Was aber sollten wir noch dort?

Ich habe 1948 nach Badenweiler geheiratet, und damit war der reichlich strapaziöse Kampf ums Bleiben ausgestanden.

Schwerer war das neue, befreite Leben für Wolfgang. Woche für Woche ging er zu den Bussen, die aus Theresienstadt zurückkamen. Niemals war der Vater dabei.

Später wandten wir uns an eine der für diese so unzähligen Fälle ins Leben gerufenen Institutionen, und drei Jahre nach Kriegsende kam diese Nachricht:

»1948. Suchdienst der VVN (Vereinigung der Verfolgten des Naziregimes).

Betrifft Dr. Felix Hecht, geb. 24. 9. 83 in Hamburg.

In obiger Suchangelegenheit hatten wir uns nach Prag gewandt und erhalten nunmehr heute folgende Antwort: ›Zu ihrer Anfrage vom 9. 4. 47 teilen wir Ihnen mit, daß in den Verzeichnissen unseres Evidenz-Referats über den Obengenannten folgender Vermerk enthalten ist: Dr. Felix Hecht, geb. 24. 9. 83 in Hamburg, letzter Wohnort Hamburg, wurde ... am 28. 9. 44 mit dem Transport Ev 1651 (von Theresienstadt) nach Auschwitz gebracht.‹ Personen, die älter sind als 50 Jahre, können als gestorben angesehen werden.

Wir bedauern, Ihnen keine andere Antwort geben zu können.«

Wolfgang beschloß auszuwandern und lebt heute in einem lateinamerikanischen Land; zunächst war er – ein etwas makaberer Zufall – nach Honduras gegangen. Er hat versucht, die Vergangenheit zu bewältigen, indem er sich der neuen Gegenwart widmete. Sich zu erinnern ist für ihn unerträglich. Er war ja auch der *Endlösung* noch näher als ich – denn er war es, der den Vater zum Grindelhof begleitet hat und der ihn dort allein lassen mußte.

»Wiedergutmachung« – dieses furchtbare Wort hat sich für uns niemals mit Sinn erfüllt. Denn – und auch diesen neuen Begriff mußten wir lernen und kapieren – wir waren nur »mittelbar geschädigt«.

Für uns begann eine alptraumartige Wanderung durch die Dschungel der Wiedergutmachungsgesetze. Die Behörden waren offenbar überfordert – und sie überforderten uns, bis zum heutigen Tag übrigens! Jedes Detail unseres auf der Hand liegenden »mittelbaren Schadens« sollten wir nachweisen und immer wieder nachweisen. Die Karten aus Theresienstadt reichten nicht und nicht die Todeserklärung. Nicht die bekannten Sondergesetze. Man wollte Briefe, Bescheinigungen, eidesstattliche Erklärungen haben, immer wieder und für alles.

Unter denen, die mir bestätigten, daß ich das Abitur hätte machen wollen und können, war der Jugendfreund Hans

Wolffheim, der endlich 1946 Dozent an der Universität Hamburg geworden war. Er schrieb mir, ergänzend zu der amtlichen Bescheinigung, 1956 – so lange zog sich alles hin! –:

»Es ist zwar richtig, daß auf dem Papier und nach dem ›Gesetz‹ das Abitur für *Halbjuden* bis 1941 möglich war, und nach diesen Bestimmungen scheinen sich die Bürokraten der Demokratie zu richten. Die Praxis sah doch aber ganz anders aus. Man will es heute nicht mehr wahrhaben, daß, von den Schulen und den Schulleitern angefangen, alles bemüht war, ›rein *arisch*‹ vor den Instanzen der Partei zu erscheinen; wehe dem *Halbjuden*, der sich auf das ›Gesetz‹ berufen hätte …«

Ich bekam meine vom Gesetz vorgesehene Ausbildungsbeihilfe, auch bekamen mein Bruder und ich zusammen die gesetzliche Haftentschädigung für den Vater, vom Tag der Deportation an bis zum Datum der Todeserklärung, Mai 1945 – DM 150,– für den Monat.

Einen Nachweis für den Verdienstausfall des Vaters zu verlangen, war absurd. Also mußten wir wenigstens Zeugenaussagen darüber beschaffen, daß wir bis 1933 in geordneten Verhältnissen gelebt haben. Dr. Weil aus London, einst Mieter in der Hagedornstraße, schrieb am 5. Juli 1954 an das Amt:

»Sie werden so gut wie ich wissen, daß die meisten aus ›guten‹ Hamburger jüdischen Familien stammenden Rechtsanwälte bis 1933 gute Einnahmen aus ihrer Praxis hatten … Als Sohn eines bekannten Antiquars muß Dr. Hecht ja eine ganz gute Basis gehabt haben …«

Mein Chef Emil Todtmann schrieb: »Meine Frau hat die Familie verschiedentlich in ihrer Wohnung aufgesucht und konnte nach der Einrichtung beurteilen, daß es der Familie H. vor 1933 gut ergangen sein muß.«

Und so weiter. Es war unwürdig.

Im Zusammenhang mit Barbaras Geburt schrieb Wolfgangs Gruppenführer aus dem Paulusbund, Gerhard Wundermacher – heute Senatsdirektor i. R. in Hamburg –, an das Amt: »... Im übrigen gehören die Frauen, die unter der Wirkung der ›Nürnberger Gesetze‹ nicht heiraten konnten, mit zu den am schwersten Geschädigten. Es mag in der Natur der Sache liegen, daß kein Wiedergutmachungsgesetz diesen Schaden berücksichtigt.«

Bei der »kleinen Inge« hat sich das Amt in der Tat noch etwas Besonderes einfallen lassen, dem allerdings ihr Anwalt entgegenzutreten vermochte: Zwei Tage nach der Deportation ihres Vaters im Juli 1942 kam, wie schon erwähnt, eine Karte: Ihr Datum sollte für die Bemessung der Wiedergutmachung als Todesdatum gelten!

Wir sind rechtlos gewesen, haben nichts Gescheites lernen, keine Existenz aufbauen können und nicht heiraten dürfen. Wir haben die Angst mit denen geteilt, die die Verfolgung nicht überlebten – und wir haben die Scham erleiden müssen, es besser gehabt zu haben als der Vater, die Verwandten, die Freunde, die Kameraden.

Wir haben das nicht unversehrt überstanden.

Peter Gay

Freud, Juden und andere Deutsche

Herren und Opfer in der modernen Kultur

Aus dem Amerikanischen von Karl Berisch.
352 Seiten mit acht s/w-Abbildungen

Glänzend geschriebene Studien über das Leben der deutschen Juden in der geistig-kulturellen Atmosphäre der Zeit von 1870 bis 1933. Aus dem kritisch-empfindsamen Blickwinkel des jüdischen Emigranten porträtiert Peter Gay berühmte Künstler und Wissenschaftler der Moderne – Freud, Liebermann, Cohen, Levi, Wagner, Brahms, Hanslick – und ihre aufschlußreiche Beziehung zum Judentum.

„Peter Gay versteht seine Essays als Versuche, als Erkundungen in eine Region der jüngsten Vergangenheit, die ebenso wohldokumentiert wie emotional unbewältigt ist. Dabei geht es nicht um eine objektive Darstellung von Geschichte, sondern um Klärung des Gefühlsanteils an der Aufarbeitung der Vergangenheit, wobei die subjektive Sichtweise zu Einsichten führen kann, die einer objektiven, 'wertfreien' Forschung verschlossen bleiben. Zugleich sind die Essays ein zutiefst persönliches Buch, eine Auseinandersetzung mit der eigenen Herkunft und Geschichte als ein Mensch, der unter dem Faschismus persönliches Leid und Verluste erlitten hat."
Neue Zürcher Zeitung

zeugen und zeugnisse

Erinnerungen von Zeitgenossen unseres Jahrhunderts

Der Blitz über dem Reisfeld
Mit 19 Fotos und 2 Karten
dtv 10467

Walter Ballhause:
Licht und Schatten der dreißiger Jahre.
Mit 126 Fotos
dtv 10501

Karl Baur:
Wenn ich so zurückdenke ...
dtv 10514

Jo Mihaly:
... da gibt's ein Wiedersehn!
Mit 21 Fotos
dtv 10485

dtv